PLAN D'ÉTUDES

ET

PROGRAMMES

DE

L'ENSEIGNEMENT SECONDAIRE

DES JEUNES FILLES

———

QUATRIÈME ÉDITION

———

PARIS

LIBRAIRIE VUIBERT

63, Boulevard Saint-Germain, 63

—

1920

PLAN D'ÉTUDES

ET

PROGRAMMES

DE L'ENSEIGNEMENT SECONDAIRE

DES JEUNES FILLES

PLANS D'ÉTUDES ET PROGRAMMES

Enseignement secondaire :
    des garçons. . . . . 2 fr. 50
    des jeunes filles. . . . . 1 fr. 50
Baccalauréat de l'Enseignement secondaire :
    Séries littéraires. . . . . 0 fr. 60
    Séries scientifiques . . . . 0 fr. 60
Bourses des lycées et collèges de garçons et de jeunes
    filles . . . . 0 fr. 50
Brevet d'enseignement primaire supérieur. 0 fr. 50
Brevet élémentaire . . . . 0 fr. 50
Brevet supérieur et Certificat d'aptitude pédago-
    gique. . . . . 0 fr. 50
Écoles normales primaires. . . . . 0 fr. 50
École normale supérieure de Sèvres, Certificat
    d'aptitude *à l'enseignement secondaire des jeunes filles et*
    Agrégation :
    Conditions d'admission . . . . 0 fr. 60
    Programme des matières (1920) . . . . . 1 fr. 50
Écoles normales supérieures de Fontenay-aux-Roses et de
    Saint-Cloud . . . . 0 fr. 40
Professorat des écoles normales et primaires supé-
    rieures : Conditions d'admission. . . . . 1 fr. 25
        Programme des matières (1920) :
        Première partie . . . . 0 fr. 75
        Seconde partie . . . . 0 fr. 75
Professorat industriel et commercial :
    Aspirantes. . . . . 0 fr. 75
Certificat d'aptitude à l'enseignement :
    du chant et de la musique. . . . . . 0 fr. 40
    commercial . . . . 0 fr. 50
    du dessin et de la composition décorative . 0 fr. 40
    du travail manuel et de la couture . . . 0 fr. 50
Certificat d'aptitude au professorat des classes élé-
    mentaires (deux sexes). . . . . 0 fr. 50
Agrégations de langues vivantes et certificat d'apti-
    tude (deux sexes) . . . . 0 fr. 60

SUJETS DONNÉS

AUX EXAMENS POUR L'OBTENTION

DES BOURSES DES LYCÉES ET COLLÈGES

DE GARÇONS ET DE JEUNES FILLES

Années 1900 à 1913. — Un vol. 22/14ᶜᵐ, renfermant les
sujets donnés à chaque série de candidats.
    Enseignement secondaire des jeunes filles . . . . 3 fr. 25
Ajouter au prix ci-dessus le montant de la majoration temporaire.

PLAN D'ÉTUDES

ET

PROGRAMMES

DE

L'ENSEIGNEMENT SECONDAIRE

DES JEUNES FILLES

QUATRIÈME ÉDITION

PARIS

LIBRAIRIE VUIBERT

63, BOULEVARD SAINT-GERMAIN, 63

1920

ENSEIGNEMENT SECONDAIRE DES JEUNES FILLES

LOI DU 21 DÉCEMBRE 1880

relative à la création d'établissements destinés à l'enseignement secondaire des jeunes filles (Extraits).

. . . .

ART. 4. L'enseignement comprend :

1° L'enseignement moral ;

2° La langue française, la lecture à haute voix et au moins une langue vivante ;

3° Les littératures anciennes et modernes ;

4° La géographie et la cosmographie ;

5° L'histoire nationale et un aperçu de l'histoire générale ;

6° L'arithmétique, les éléments de la géométrie, de la chimie, de la physique et de l'histoire naturelle ;

7° L'hygiène ;

8° L'économie domestique ;

9° Les travaux à l'aiguille ;

10° Des notions de droit usuel ;

11° Le dessin ;

12° La musique ;

13° La gymnastique.

ART. 5. L'enseignement religieux sera donné, sur la demande des parents, par les ministres des différents cultes, dans l'intérieur des établissements, en dehors des heures des classes.

Les ministres des différents cultes seront agréés par le ministre de l'instruction publique.

. . . .

ART. 6. Il pourra être annexé aux établissements d'enseignement secondaire un cours de pédagogie.

ART. 7. Aucune élève ne pourra être admise dans les établissements d'enseignement secondaire sans avoir subi un examen constatant qu'elle est en état d'en suivre les cours.

ART. 8. Il sera, à la suite d'un examen, délivré un diplôme aux jeunes filles qui auront suivi les cours des établissements publics d'enseignement secondaire (1).

DÉCRET DU 28 JUILLET 1881

relatif à la création de lycées et de collèges de jeunes filles (Extraits).

. . . .

ART. 12. Un programme rédigé après avis du Conseil supérieur de l'instruction publique déterminera :

1° Le nombre des années d'études ;

2° Les objets de l'enseignement dans chaque classe ;

3° L'emploi du temps (classes, études, récréations, repas, etc., etc.).

. . . .

---

(1) Deux titres ont été institués comme sanction des études secondaires : le certificat d'études secondaires, délivré à la fin de la 3e année, et le diplôme de fin d'études, délivré à la fin de la 5e année.

ART. 14. Des classes primaires destinées à préparer des élèves pour les cours secondaires pourront être annexées aux lycées et collèges de jeunes filles.

DÉCRET DU 14 JANVIER 1882

organisant l'enseignement secondaire des jeunes filles.

ARTICLE PREMIER. L'enseignement secondaire des jeunes filles comprend cinq années d'études.

Il est divisé en deux périodes.

La première période est de trois années ; la seconde, de deux années (1).

ART. 2. Dans la première période, les cours sont tous obligatoires. Dans la deuxième période, un certain nombre de cours sont obligatoires, les autres sont facultatifs.

ART. 3. La répartition des matières de l'enseignement sera fixée par un arrêté ministériel, après avis du Conseil supérieur de l'instruction publique.

---

(1) Dans son rapport au Conseil supérieur de l'instruction publique (session de décembre 1881), M. Henri Marion a donné les raisons qui motivent cette division en deux périodes. On a voulu que dans un premier cycle, qui généralement retiendra les élèves de 12 à 15 ans, un ensemble d'enseignements essentiels fût donné, suffisant pour faire acquérir de bonnes habitudes d'esprit, et qui constituât un tout, de sorte que les jeunes filles qui quitteraient le lycée ou le collège après trois ans d'études puissent pourtant emporter une instruction en un sens complète, dont elles justifieraient par l'obtention d'un certificat d'études secondaires. « Dans la seconde période, écrit le rapporteur, les jeunes filles qui auraient du temps et du zèle recevraient une culture plus relevée. »

ART. 4. A la fin de chaque année d'études, les élèves devront subir un examen pour passer dans une classe supérieure. Cet examen devra être également subi par les élèves qui viendront du dehors.

ART. 5. L'examen passé après la troisième année permettra de conférer un *Certificat d'études secondaires*.

ART. 6. Le *Diplôme de fin d'études secondaires* institué par l'article 8 de la loi du 21 décembre 1880 sera délivré à la suite d'un examen portant sur les matières obligatoires de l'enseignement des deux dernières années et sur celles des matières facultatives que désignera l'élève.

Le programme de cet examen et celui de l'examen d'entrée institué par l'article 7 de la loi précitée seront établis par arrêtés ministériels, après avis du Conseil supérieur de l'instruction publique.

ARRÊTÉ DU 28 JUILLET 1882

concernant les programmes des cours primaires et les examens d'admission aux cours secondaires.

ARTICLE PREMIER. Les programmes des cours primaires annexés aux lycées et collèges de jeunes filles seront préparés par la directrice et les professeurs de l'établissement et approuvés par le recteur de l'académie.

ART. 2. Les examens d'admission aux cours secondaires dans les lycées et collèges de jeunes filles seront subis devant une commission composée de la directrice et de deux professeurs de l'établissement.

ART. 3. Ces examens seront oraux. Ils porteront :

Pour la première année, sur les matières du programme du cours moyen de l'enseignement primaire obligatoire ;

Pour les 2e, 3e, 4e et 5e années, sur les matières comprises dans les 1re, 2e, 3e et 4e années.

ART. 4. Le certificat d'aptitude aux bourses dispensera de l'examen d'admission.

ARRÊTÉ DU 28 JUILLET 1882

relatif au certificat d'études secondaires.

ARTICLE PREMIER. Il sera délivré un certificat d'études secondaires de troisième année à toute élève des lycées et collèges de jeunes filles qui aura satisfait aux épreuves de l'examen de passage de 3e en 4e année.

ART. 2. Cet examen sera subi à la fin de la 3e année scolaire, à l'intérieur du lycée ou du collège, devant les professeurs de 3e année de l'établissement, réunis sous la présidence d'un délégué de l'administration académique, assisté de la directrice.

En cas d'empêchement ou d'ajournement, l'examen pourra avoir lieu au début de la quatrième année.

ART. 3. Les élèves seront interrogées sur les matières du programme de troisième année. L'examen ne comprendra que des épreuves orales ; mais il sera déposé sur le bureau, pour chaque jeune fille, un dossier comprenant les compositions qu'elle aura faites et les notes qu'elle aura obtenues pour ses devoirs au cours de l'année.

ART. 4. La nullité dans une des épreuves sera une cause d'exclusion.

L'exclusion sera également prononcée pour trois notes *mal*.

La note pour chaque épreuve sera proposée par l'interrogateur et fixée par tous les membres du jury d'examen. L'admission au certificat sera prononcée à la majorité des voix.

ART. 5. Le certificat d'études secondaires de troisième année sera délivré par le recteur. Il portera l'indication des notes obtenues par l'élève pour chaque matière ; et si elle a obtenu l'unanimité des suffrages, mention spéciale en sera faite.

ART. 6. Lorsqu'une élève, possédant déjà le certificat d'études secondaires de troisième année, aura subi avec succès, à la fin de la première année de la deuxième période, l'examen de passage de quatrième année en cinquième, ce résultat fera l'objet d'une mention supplémentaire ajoutée audit certificat.

ARRÊTÉ DU 28 JUILLET 1882

relatif au diplôme de fin d'études.

ARTICLE PREMIER. Il est institué près de chaque établissement public d'enseignement secondaire pour les jeunes filles (lycée ou collège) un jury chargé d'examiner les élèves qui se présenteront pour l'obtention du diplôme de fin d'études.

ART. 2. Ce jury, nommé par le ministre, sur la proposition du recteur, se réunit à la fin de l'année scolaire. Il est composé de six membres, ainsi qu'il suit :

Un délégué de l'administration académique, président ; — la directrice du lycée ou du collège ; — deux professeurs de l'établissement et un professeur d'un autre établissement public d'enseignement secondaire ; — un professeur de langues vivantes.

Un examinateur spécial pourra être appelé à donner la note sur celles des matières facultatives que le jury ne serait pas en mesure d'apprécier.

ART. 3. (*Abrogé par l'arrêté du* 21 *juillet* 1910.)

ART. 4. Toute aspirante doit déposer ou faire déposer, dans les délais fixés, au secrétariat de l'académie dans le ressort de laquelle est placé l'établissement public dont elle suit les cours, les pièces énumérées ci-après :

1º L'acte de naissance constatant qu'elle aura 16 ans accomplis avant le 1ᵉʳ août de l'année où elle se présente (1) ;

2º Un certificat de la directrice constatant que l'aspirante a suivi régulièrement les cours de 4ᵉ et 5ᵉ années.

Dans le cas où une aspirante n'aurait pas suivi les cours des deux dernières années dans un même établissement, elle subira les épreuves là où elle aura terminé ses études, et devra justifier de la scolarité complète.

---

(1) En l'absence de toute disposition contraire, l'usage s'est établi d'accorder, par décisions ministérielles, des dispenses d'âge aux aspirantes qui avaient quelque raison sérieuse à faire valoir. Une circulaire du 22 avril 1916 a prescrit que ces dispenses seraient désormais accordées par les Recteurs sur le rapport des chefs d'établissement et l'avis des inspecteurs d'Académie. La durée de la dispense ne peut en aucun cas excéder un an et celles qui dépasseront six mois ne devront l'être qu'avec une extrême discrétion et dans le cas seulement où l'aspirante justifiera d'une scolarité complète dans un lycée ou collège de jeunes filles.

ART. 5. L'aspirante doit, au moment de son inscription, désigner les matières facultatives pour lesquelles elle opte.

ART. 6. Le registre d'inscription est ouvert vingt jours et clos cinq jours avant le commencement de la session.

ART. 7. ([1]) L'examen comprend des épreuves écrites et des épreuves orales.

Les *épreuves écrites* sont éliminatoires ; elles portent sur les matières des cours de quatrième et de cinquième années ; elles sont au nombre de trois :

1° Une composition littéraire (durée : 3 h.) ;

2° Une composition scientifique (durée : 3 h.) ;

3° Une version et une courte rédaction en langue étrangère d'après une matière donnée dans cette langue (durée pour l'ensemble : 3 h.).

Pour les compositions de langues vivantes, est autorisé l'usage d'un dictionnaire en langue étrangère, sans traduction.

Les sujets sont donnés par le recteur.

Les deux premières épreuves ont lieu le même jour, à trois heures d'intervalle ; les compositions de langues vivantes ont lieu le lendemain.

Les aspirantes sont placées sous la surveillance d'un des membres du jury autre que la directrice.

Les compositions, corrigées chacune par un membre du jury, sont jugées par le jury tout entier, qui décide quelles sont les aspirantes admises à subir les épreuves orales.

---

(1) Modifié par l'arrêté du 23 janvier 1907.

L'examen oral porte sur l'ensemble des matières obligatoires ([1]).

Les aspirantes peuvent demander, en outre, à être examinées sur une ou plusieurs matières facultatives du programme. Pour chaque note supérieure à la moyenne, mention de l'épreuve subie est faite sur le diplôme.

ART. 8 ([2]). Chaque épreuve est cotée de 0 à 20. Toute note inférieure à 5, soit à l'écrit, soit à l'oral, entraîne l'ajournement.

L'admissibilité n'est prononcée que si l'aspirante a obtenu à l'examen écrit une note moyenne au moins égale à 10.

L'admission définitive n'est prononcée que si l'aspirante a obtenu pour l'ensemble des notes de l'examen écrit et des épreuves obligatoires de l'examen oral une note moyenne au moins égale à 10.

L'ajournement ne peut être prononcé qu'en vertu d'une délibération du jury.

ART. 9. L'admission est prononcée à la majorité des voix. Le diplôme fait mention des matières facultatives

---

(1) Sauf sur le droit usuel, qui est rangé au nombre des matières facultatives de l'examen (*Décret du 18 juillet 1911*).

L'arrêté du 10 juin 1905 spécifie que les épreuves orales de langues vivantes se composent :

1° d'une épreuve pratique. L'examinateur met entre les mains de l'aspirante un texte emprunté à la langue courante (journal, revue, nouvelle, roman contemporain). Après l'avoir lu à haute voix, l'aspirante reproduit ou résume ce passage.

L'épreuve est complétée par une courte conversation sur le sujet traité dans ce texte ; cette conversation se fait entièrement dans la langue étrangère.

Il sera tenu compte, pour l'établissement de la note, de la prononciation et de la lecture du texte ;

2° d'une explication (traduction en français) d'un passage tiré au sort d'un auteur du programme de cinquième année.

Cette explication est suivie de quelques interrogations sur l'histoire de la littérature et sur la grammaire.

(2) Modifié par l'arrêté du 23 janvier 1907.

sur lesquelles les aspirantes ont été interrogées. Lorsque l'ensemble de l'examen a donné pour résultat les notes *bien*, *très bien*, mention en est également faite sur le diplôme (¹).

ART. 10. Le président du jury, s'il découvre quelque fraude, est tenu de porter immédiatement les faits à la connaissance du recteur dans un rapport spécial.

ART. 11. Les certificats d'aptitude, avec les pièces déposées par les aspirantes, sont transmis au recteur pour recevoir son visa.

Le président du jury lui adresse en même temps le procès-verbal de chaque séance, signé de tous les juges, et un rapport sur l'ensemble des examens et sur la force relative des épreuves. Il y joint les compositions faites par chaque aspirante, corrigées et annotées par les membres du jury.

Si le recteur estime qu'il y a défaut de forme dans la réception des aspirantes, il refuse son visa aux certificats d'aptitude et fait connaître au ministre les motifs de son refus, en lui transmettant les certificats délivrés par le jury.

ART. 12. Les diplômes sont conférés par le ministre dans la forme établie (²).

ART. 13. Nul diplôme n'est remis à l'impétrante qu'après que celle-ci a apposé sa signature tant sur

---

(1) La mention *très bien* doit correspondre à la note moyenne 16 et au-dessus, et la mention *bien* à la note moyenne 14 ou 15 (*Circulaire du 25 juin 1907*).

(2) La délivrance du diplôme ne peut être effectuée que sur production d'une déclaration de versement du droit de 20 fr., institué par l'art. 43 de la loi de finances du 31 mars 1903, à la caisse de l'un des percepteurs du département où est situé le lycée ou le collège ou du receveur des droits universitaires dans les villes où ce poste existe (*Circulaire du 25 juillet 1903*).

l'acte même que sur le registre spécial qui sert à constater la remise du diplôme, ou sur un récépissé, qui doit être annexé à ce registre.

Tout diplôme qui ne porte pas la signature de l'impétrante et celle du fonctionnaire qui a fait remise de l'acte est considéré comme sans valeur.

ARRÊTÉ DU 21 JUILLET 1910

*créant une seconde session annuelle d'examens
pour le diplôme de fin d'études.*

ARTICLE PREMIER. Une deuxième réunion du jury institué par l'art. 1er de l'arrêté du 28 juillet 1882 relatif à l'obtention du diplôme de fin d'études secondaires des jeunes filles aura lieu, chaque année, dans la première semaine qui suivra la rentrée d'octobre, pour examiner les élèves qui, après avoir fait les classes de 4e et de 5e années, auront échoué, au mois de juillet précédent, aux épreuves écrites ou aux épreuves orales.

ART. 2. Pourront prendre part à cette deuxième session les élèves qui, pour des raisons jugées valables par le recteur, se seront trouvées empêchées de se présenter à l'examen du mois de juillet, mais qui justifieront cependant de la scolarité ci-dessus visée.

ART. 3. Le bénéfice de l'admissibilité aux épreuves orales, acquis à la session de juillet, demeure valable pour la session du mois d'octobre suivant, à condition que les aspirantes subiront l'examen devant le jury du même établissement.

Il ne sera fait d'exception à cette dernière condition que par décision spéciale du ministre, prise sur avis motivé des chefs des établissements intéressés.

ART. 4. L'art. 3 de l'arrêté du 28 juillet 1882 susvisé est et demeure abrogé.

ART. 5. Le présent arrêté aura son effet à partir du mois d'octobre 1910.

ARRÊTÉ DU 28 JUILLET 1884

portant règlement pour les lycées et collèges de jeunes filles (Extraits).

ART. 35. L'emploi du temps dans les lycées et collèges de jeunes filles est réglé ainsi qu'il suit (1) :

De 8 h. à 9 h. — Classe.

De 9 h. à 9 h. 15. — Récréation.

De 9 h. 15 à 10 h. 15. — Classe.

De 10 h. 15 à 10 h. 30. — Récréation.

---

(1) L'emploi du temps fixé par l'arrêté du 28 juillet 1884 ne vise que l'externat surveillé et le pensionnat. Les élèves externes libres ne sont astreintes qu'aux classes et aux exercices (G. Compayré : *L'enseignement secondaire des jeunes filles*).

La circulaire du 16 septembre 1901 dispose qu'en vue de donner aux cours d'études plus de souplesse et de les plier autant que possible aux besoins et aux tendances des familles, les élèves, notamment celles de 4e et de 5e années, peuvent être dispensées, sur leur demande, de quelques-unes des matières que comporte le programme. Mais ces élèves n'ont pas le droit de prétendre au certificat et au diplôme d'études secondaires, dont l'attribution suppose un cours complet et régulier d'études. En outre, quoique ne profitant que d'une partie de l'enseignement, elles sont soumises, au point de vue de la rétribution scolaire, aux mêmes règles que les autres élèves.

De 10 h. 30 à midi. — Étude, exercices, travaux à l'aiguille.

De midi à 1 h. 30. — Déjeuner, récréation.

De 1 h. 30 à 2 h. — Étude.

De 2 h. à 3 h. — Classe.

De 3 h. à 3 h. 15. — Récréation.

De 3 h. 15 à 4 h. 15. — Classe.

De 4 h. 15 à 5 h. — Récréation et goûter.

De 5 h. à 6 h. — Étude.

Si, dans certains lycées, il est reconnu nécessaire, par suite de convenances locales, de modifier les dispositions qui précèdent sur l'emploi du temps, ces modifications devront être soumises à l'approbation du recteur (¹).

. . . .

ART. 38. Les examens de passage, institués par l'article 4 du décret du 14 janvier 1882, sont subis devant les professeurs de la classe, sous la présidence de la directrice.

Ils ont lieu quinze jours au moins avant la distribution des prix.

ART. 39. Les élèves sont interrogées sur les matières qu'elles ont étudiées au cours de l'année, y compris les matières facultatives. L'examen ne comporte pas d'épreuves écrites ; mais il est déposé sur le bureau, pour chaque élève, un dossier comprenant les compositions qu'elle a faites et les notes qu'elle a obtenues pendant toute l'année.

ART. 40. La note pour chaque épreuve est proposée par l'interrogateur et fixée par tous les membres du

---

(1) En vertu de cette disposition, les classes peuvent être groupées de façon à laisser les familles libres de garder l'après-midi les enfants auprès d'elles (Rapport de M. Bernès, 1897).

jury. L'admission est prononcée à la majorité des voix.

ART. 41. Les élèves qui n'ont pas satisfait à l'examen de passage peuvent s'y présenter de nouveau à la rentrée des classes.

Celles qui échouent pour la seconde fois doivent doubler l'année.

Les élèves boursières ne peuvent être autorisées que par le ministre à doubler une classe.

ARRÊTÉ DU 16 JUILLET 1897 ([1])

fixant la répartition hebdomadaire des matières de l'enseignement.

Première période.

1ʳᵉ ANNÉE.

Langue et littérature françaises .	5 heures.	
Langues vivantes.	3 —	
Histoire.	2 —	
Géographie	1 —	
Mathématiques	2 —	
Histoire naturelle	1 —	
Couture.	2 —	au minimum.
Dessin	2 —	—
Solfège.	1 —	—
Gymnastique	1 h. 1/2 au minimum.	
	20 heures 1/2.	

---

(1) Modifié par l'arrêté du 31 juillet 1908 en ce qui concerne la géographie dans les classes de 1ᵉ et 5ᵉ années, et par l'arrêté du 18 juillet 1911 en ce qui concerne les mathématiques.

2e ANNÉE.

Langue et littérature françaises.	5 heures.
Langues vivantes.	3 —
Histoire.	2 —
Géographie	1 —
Mathématiques	2 —
Histoire naturelle	1 —
Couture	2 — au minimum.
Dessin	2 — —
Solfège.	1 — —
Gymnastique	1 h. 1/2 au minimum.

20 heures 1/2.

3e ANNÉE.

Morale	1 heure.
Langue et littérature françaises .	3 — 1/2.
Langues vivantes	3 —
Histoire.	2 —
Géographie	1 —
Mathématiques.	2 —
Physique et chimie.	2 —
Économie domestique et hygiène.	12 confér. de 1 heure.
Couture.	2 heures au minimum.
Dessin	2 — —
Solfège.	1 — —
Gymnastique	1 h. 1/2 au minimum.

21 heures.

Deuxième période.

4ᵉ ANNÉE.

Cours obligatoires.

Morale.	1	heure.
Langue et littérature françaises.	3	—
Littératures anciennes. . . .	1	—
Langues vivantes	3	—
Histoire	2	—
Géographie.	1	—
Mathématiques (progr. A ou progr. B)	1/2 h. (¹) ou 2 h. 1/2 (²)	
Physique et chimie.	1 h. 1/2.	
Anatomie, physiologie animales et végétales, hygiène. .	1 heure.	

14 h. ou 16 h.

Cours facultatifs.

Langue vivante complémentaire.	2 heures	
Couture	2 —	au minimum.
Dessin.	2 —	—
Solfège	1 —	—
Gymnastique.	1 h. 1/2	au minimum.

8 h. 1/2.

22 h. 1/2 ou 24 h. 1/2.

(1) 1 heure pendant un semestre pour les élèves qui choisissent le programme A.

(2) 3 heures pendant un semestre et 2 heures pendant l'autre pour les élèves qui choisissent le programme B.

5e ANNÉE.

Cours obligatoires.

Psychologie appliquée à la morale et à l'éducation . .	2 heures.
Langue et littérature françaises	2 —
Littératures étrangères. . . .	1 —
Langues vivantes	3 —
Histoire	2 —
Géographie.	1 —
Notions de droit usuel. . . .	1/2 heure (¹).
Mathématiques (progr. A ou progr. B)	1/2 h. (²) ou 2 h. 1/2 (³).
Physique et chimie	2 —
Anatomie, physiologie animales et végétales, hygiène . .	1 —
	15 h. ou 17 heures.

Cours facultatifs.

Langue vivante complémentaire.	2 heures.	
Couture	2 —	au minimum.
Dessin.	2 —	—
Solfège	1 —	—
Gymnastique.	1 h. 1/2	au minimum.
	8 heures 1/2.	
	23 h. 1/2 ou 25 h. 1/2.	

(1) 1 heure pendant un semestre.

(2) 1 heure pendant un semestre pour les élèves qui choisissent le programme A.

(3) 3 heures pendant un semestre et 2 heures pendant l'autre pour les élèves qui choisissent le programme B.

Les programmes des divers enseignements ont été fixés par l'arrêté du 27 juillet 1897, sauf les modifications ci-après :

	ARRÊTÉ DU
Hygiène et économie domestique . .	14 juin 1907
Histoire et géographie.	30 juillet 1908
Mathématiques	18 juillet 1911
Dessin.	6 janvier 1909
Couture	18 juillet 1888
Droit usuel.	28 juillet 1882

Classes primaires (Programmes modèles annexés à la circulaire du 30 août 1897).

La préparation au baccalauréat est autorisée dans les lycées, collèges et cours secondaires de jeunes filles. Elle est organisée dans la plupart de ces établissements.

Pour le latin, une rétribution supplémentaire est demandée aux familles.

CLASSES PRIMAIRES

PROGRAMMES MODÈLES

Aux termes de l'article 1er de l'arrêté du 28 juillet 1882, les programmes des cours primaires annexés aux lycées et collèges doivent être préparés par la directrice et les professeurs de l'établissement et approuvés par le recteur de l'académie. Cette disposition reste toujours en vigueur.

Les programmes ci-joints n'ont donc pas un caractère officiel ; ils n'ont d'autre but, ainsi que le constate le rapport présenté au Conseil supérieur de l'instruction publique, que de servir de guide aux autorités locales et de leur fournir des indications utiles (1).

CLASSE ENFANTINE

(8 à 9 ans)

LANGUE FRANÇAISE

(6 heures 1/2 par semaine.)

Lecture et récitation. — Explication du sens des mots et des phrases. — Morceaux choisis des grands écrivains (prose et vers).

LANGUES VIVANTES

(2 heures 1/2 par semaine.)

L'enseignement doit être exclusivement oral. — *On insistera sur la prononciation.* — Exercices d'ensemble.

Vocabulaire élémentaire (2). — Images.

---

(1) Extrait de la *Circulaire du 30 août 1897*.
(2) Pour l'allemand, on habituera l'enfant à distinguer les trois genres.

Tableaux de leçons de choses.
Noms des nombres.
Chansons.

HISTOIRE ET GÉOGRAPHIE

HISTOIRE

(1 heure par semaine.)

Récits pris dans la vie des grands hommes :

1° Quelques-uns de ces récits pourront se rattacher à la géographie : à propos du nouveau continent, Colomb ; de la rotondité du globe, Magellan ; de l'Asie, Marco Polo, etc.

2° D'autres seront amenés par les leçons de choses : à propos du livre dont on se sert, Gutenberg ; de la vapeur, Watt, etc.

3° D'autres enfin seront choisis dans la région du lycée.

Le professeur prendra ses récits dans l'ensemble des temps et des pays ; il cherchera surtout les biographies qui prêtent à des récits vivants. Il ne négligera pas les hommes ou les femmes qui, sans avoir tenu un rang élevé ou joué un rôle prépondérant, peuvent servir d'exemple pour développer l'esprit d'initiative, le sentiment moral. Il y a de fort belles existences humbles.

A côté des biographies, il pourra donner place à des sujets qui lui permettront d'exposer des détails de mœurs de la vie du passé : meubles, costumes, repas, etc.

GÉOGRAPHIE

(1 heure par semaine.)

A. — Petits exercices très familiers sur l'horizon, les points cardinaux ; sur les principaux termes employés en géographie.

Les définitions seront autant que possible coupées de

petits récits et toujours complétées à l'aide de gravures, photographies, tableaux enluminés, etc.

Montrer le globe terrestre, les pôles, l'équateur, la Terre tournant autour du Soleil et sur elle-même.

Montrer sur le globe la place et les noms des continents, des parties du monde, des océans.

B. — Etude très élémentaire de la France.

Limites. Etats voisins.

Les mers françaises ; indication de quelques caps, golfes, îles. La mer, ses aspects, tempêtes, vagues, etc. Petites descriptions des principaux aspects de nos, côtes. Les bains de mer, la vie au bord de la mer.

Les très grandes montagnes de France ; indication de quelques noms ; descriptions très simples de quelques aspects. Les neiges, les glaciers, eaux thermales et minérales, leur utilisation.

Les fleuves ; indication des grands fleuves. Les sources, les torrents. La navigation sur nos fleuves. Ce que c'est qu'un canal. Description d'un port.

Les douze plus grandes villes de France. Description d'une usine, d'un grand magasin.

Comment on voyage en France. Une grande gare de chemin de fer.

TRAVAUX A L'AIGUILLE

Petits exercices Frœbel ; tissage, pliage, tressage.
Petits exercices de crochet.

DESSIN

La maîtresse n'aura pas à introduire dans sa classe tous les modèles ni tous les détails d'exercices proposés. Il appartient à son initiative d'y faire un choix raisonné, approprié à son goût et aux moyens de ses élèves. On a voulu seulement indiquer la variété considérable des exercices que l'on peut entreprendre pour tenir en haleine la curiosité des esprits et affiner le sens de l'observation.

En classe. — *Tracés libres* tout à la convenance des enfants. Exécution sur papier. — Décalque de feuilles.

Travaux de modelage en papiers souples ou autres matières plastiques s'appliquant à la copie d'objets usuels très simples. — Exercices de pliage, de tressage, de découpage.

Petits exercices d'invention : combinaison d'éléments simples, formes ornementales primitives. — Exécution au point à l'aiguille sur papier et drap perforés.

Essai de décoration des formes modelées.

Essai de dessin de mémoire des formes modelées ou de choses vues.

CLASSES PRIMAIRES

PREMIÈRE ANNÉE (9 à 10 ans)

LANGUE FRANÇAISE

(6 heures 1/2 par semaine.)

Lecture et récitation ; explication du sens des mots et des phrases. — Morceaux choisis des grands écrivains (prose et vers).

GRAMMAIRE

*La grammaire sera enseignée par l'usage ; toute défi-
nition devra être précédée d'un exercice pratique sur
lequel elle s'appuiera.*

Distinction du nom, de l'adjectif, du pronom, du
verbe. Les faire reconnaitre dans des morceaux
donnés.

Le nom. — Nom propre et nom commun.

Genre et nombre.

L'adjectif. — Adjectif qualificatif et adjectif détermi-
natif. Accord avec le nom.

Le pronom. — Distinguer les différents pronoms.

Le verbe. — Faire comprendre le rôle du verbe. —
Quatre conjugaisons. — Nombre. — Personnes. —
Temps les plus usités. — Principales exceptions des
verbes de la 1re conjugaison.

EXERCICES ORAUX ET ÉCRITS

Reconnaitre le sujet et le complément.

Composition de petites phrases.

Reproduction orale ou écrite d'une histoire lue ou
racontée. (*L'exercice écrit sera toujours précédé d'un
exercice oral fait en classe.*)

LANGUES VIVANTES

(2 heures 1/2 par semaine.)

Continuation des exercices de l'année précédente.

Exercices de lecture.

Éléments de grammaire. — Prendre pour base les
éléments déjà connus de la grammaire française.

Devoirs très courts ; exercices de traduction, rédigés de préférence par le maître.

Petites dictées de textes expliqués ou appris précédemment.

Chansons et petites poésies apprises par cœur.

Pour l'allemand, exercices gradués d'écriture.

HISTOIRE ET GÉOGRAPHIE

HISTOIRE

(1 heure par semaine.)

Observations sur les programmes de Première et de Deuxième année pour l'Histoire.

Le professeur présentera les biographies ou les récits d'après l'ordre chronologique. Il y mêlera de temps en temps quelques indications d'ordre général qui auront pour but et pour résultat de replacer ces biographies dans le milieu des très grands faits (1).

Les programmes annexés ci-dessous sont faits pour lui servir de guide, non pas de cadre. Il remarquera que les récits qu'on présente comme exemples sont pris surtout dans les scènes ou parmi les personnages qui ne se trouveront pas plus tard dans le courant de la grande histoire et qui appartiennent plutôt à l'intimité de l'histoire.

C'est en ce sens qu'on l'invite à choisir les récits qu'il ajoutera à ceux-ci ou par lesquels il pourra remplacer quelques-uns de ceux qui sont indiqués ici.

Récits biographiques sur des personnages français ou petites scènes historiques, en suivant l'ordre de la chronologie (*depuis les origines jusqu'à la fin du moyen âge*).

On indique à titre d'exemples.

1. Les anciennes forêts de Gaule et les cérémonies druidiques.

---

(1) Il pourrait utiliser, à cet effet, un *précis extrêmement court.*

32. Humbles martyrs pendant la Réforme.
33. La jeunesse de Ramus.
34. Traits d'héroïsme au XVIe siècle.
35. La défense de Metz. — Ambroise Paré.
36. L'enfance de d'Aubigné.
37. Anecdotes sur l'Hospital.
38. Anecdotes sur Bernard Palissy.
39. Anecdotes sur Henri IV, Sully, Crillon.

GÉOGRAPHIE

(1 heure par semaine.)

Observations sur les programmes de Géographie pour les classes primaires.

On a divisé l'enseignement en deux parties. La première comprend les notions essentielles et primordiales de la nomenclature, réduites, bien entendu, à la simplicité la plus élémentaire. Elle sera la même partout. La seconde laisse beaucoup à l'initiative du professeur et variera d'un établissement à l'autre. On a cherché à y introduire l'idée du *récit* géographique (comme il y a en histoire des récits historiques). Le professeur choisira, dans les limites du programme afférent à chaque classe, certains points qu'il aimera à développer Il s'y attachera surtout aux descriptions pittoresques, aux détails vivants, à tout ce qui peut parler aux imaginations et, en même temps, laisser dans l'esprit des impressions précises.

A. — Rappel des notions élémentaires générales (voir le programme de la classe enfantine, p. 20).

B. — Rappel des notions élémentaires sur la France (voir le même programme).

Noms des départements français et de leurs chefs-lieux (1).

Nom et place sur le globe des colonies françaises.

Les États d'Europe et leurs capitales.

---

(1) L'étude des noms des départements sera fractionnée entre les différentes parties de l'année scolaire.

Dans toute cette partie, on se bornera à la nomenclature *extrêmement simple*, mais on tiendra à ce que les choses soient apprises par cœur.

C. — Amérique, Océanie :

1º *Nomenclature très simple*, noms des mers et de quelques golfes, caps, îles ; noms et place des grandes montagnes, des grands fleuves, des Etats, de quelques villes.

2º Etude de quelques pays d'Amérique et d'Océanie, au choix du professeur.

Exemples :

1. Le Mississipi, suivre son cours, indiquer ses deux grands affluents. — Aspects du Missouri, du Mississipi, de l'Ohio. — Climat et productions des pays traversés ; navigation sur le Mississipi ; quelques très grandes villes ; détails sur la vie américaine dans ces régions.

2. La côte de l'Atlantique aux Etats-Unis. — Description. — Trois ou quatre très grands ports. — Description de New-York et de ses environs. — Comment on va en Angleterre ou en France ; un transatlantique. — Le télégraphe sous-marin. — Une maison américaine.

3. Une forêt vierge de l'Amérique du Sud et la vie sauvage. — Une plantation au Brésil.

4. Le Rio de la Plata (même méthode que pour le Mississipi).

5. Une ascension de haute montagne dans les Andes ; voyage de la Plata à Santiago ; Port-Famine au détroit de Magellan ; les émigrants dans la république de la Plata.

CALCUL ET LEÇONS DE CHOSES

CALCUL

(2 heures 1/2 par semaine.)

Exercices sur la lecture et l'écriture des nombres entiers.
Les quatre opérations (*pour la division, on se bornera aux diviseurs d'un seul chiffre*).

(On fera comprendre, par des exemples familiers, le but et les usages de chaque opération.)

Exercices oraux et écrits.
Nombreux exercices de calcul mental.

LEÇONS DE CHOSES

(1/2 heure par semaine.)

(Programme commun aux 3 années.)

Les leçons de choses doivent être données dans tous les exercices des classes primaires à propos de l'explication des faits ou des mots qui sollicitent la curiosité si éveillée des élèves. Mais ces explications, incidentes d'une leçon d'un autre ordre, ne sauraient prendre un grand développement et ne peuvent être accompagnées de la description méthodique des objets. Aussi a-t-il paru nécessaire de consacrer, chaque semaine, une demi-heure environ à l'exposé de petites leçons dont les sujets seront choisis parmi les êtres les plus connus des élèves ou les phénomènes les plus communs ; ces leçons seront accompagnées des objets : animaux, plantes, pierres, etc.

On pourra ainsi exercer l'enfant à bien décrire ce qu'il voit, à ordonner et à préciser le résultat de ses observations.

On se gardera des exposés didactiques et des énoncés généraux ; on procédera toujours du connu à l'inconnu. Par des questions bien choisies on amènera les élèves à prendre une part active à la leçon et à formuler elles-mêmes les réponses par la succession même des faits étudiés.

On se gardera aussi de placer des livres entre les mains des élèves, car ils ont l'inconvénient de transformer en un exercice de mémoire inutile et souvent fastidieux les leçons qui doivent être avant tout un exercice des sens et servir à coordonner les impressions reçues.

Le professeur pourra toujours, s'il le juge utile, dicter un résumé de quelques lignes sur chaque sujet, mais ce résumé ne devra jamais être appris par cœur.

Les sujets suivants sont indiqués à titre d'exemple, mais le professeur n'est pas tenu de les développer dans leur ordre ou dans leur intégralité ; il pourra aussi en choisir d'autres.

L'eau. — Rivière, fleuves, lacs, mers.

L'évaporation, les nuages, la pluie, la neige, la glace.

— Le ruissellement, l'infiltration. — Puits, sources.

L'air. — Le vent. — Les orages. — Les aérostats.

La terre. — Les diverses sortes de pierres. — Les carrières.

Les dépôts formés par les eaux.

Les volcans.

Les animaux. — Animaux à os : animaux à fourrures, animaux à plumes, animaux à écailles, animaux à nageoires. — Animaux sans os : les articulés, les animaux à coquille, les animaux rayonnés.

Les végétaux. — Plantes à fleur : pin, sapin, chêne, sarrasin, giroflée, coquelicot, bouton d'or ; pomme de terre, primevère, bluet, marguerite ; lis, iris, blé, palmier.

Plantes sans fleurs : fougère, mousse, champignons, fucus.

TRAVAUX A L'AIGUILLE

Crochet. — Travaux faciles.

Point de marque sur canevas à fils séparés (lettres et chiffres simples).

Mêmes exercices sur canevas étamine.

Couture. — Ourlets et coutures simples. — Etudes sur canevas étamine du point devant, du point de côté, du point de piqûre.

DESSIN (¹)

I. — DESSIN D'APRÈS NATURE.

a) **Objets usuels.**

En classe et hors la classe. — Dessins libres coloriés d'objets familiers à l'enfant (représentation approximative, simple expression de la forme générale de laquelle relève l'objet, et non du modèle même). — Indication des colorations dominantes.

b) **Flore et faune naturelles.**

En classe. — Étude des formes les plus simples de *feuillages de saison.*

Hors la classe. — Étude des formes les plus simples de *silhouettes d'animaux familiers.*

c) **Croquis de figures au crayon et au pinceau.**

En classe et hors la classe. — Exercices d'après des *poupées articulées;* d'après les diverses *personnes en relation avec l'enfant;* construction de la forme à grands traits; indication des proportions, des attitudes, des mouvements.

II. — COMBINAISONS DÉCORATIVES ÉLÉMENTAIRES.

Avec l'aide de la maîtresse.

En classe. — Combinaisons de lignes données, soit tirées d'éléments naturels, soit empruntées aux contours

---

(1) Voir, page 21, les instructions qui précédent le programme de la classe enfantine.

d'objets divers placés sous les yeux des enfants. — Découpage de formes en papier, et essais de combinaisons de ces découpages avec les lignes données. — Transformation, au tableau, sur un diagramme donné, de tracés de *feuillages*, *de jouets simples* adaptés à la création de motifs exécutables à l'aiguille, sur papier perforé ou sur étoffe perforée.

Modelage : essai de relief à donner aux formes découpées ou dessinées.

III. — EXERCICES LIBRES DE DESSIN DE MÉMOIRE ET D'IMAGINATION.

Hors la classe. — Exécution de dessins représentant des scènes animées qui ont impressionné la mémoire de l'élève ou qu'elle a imaginées : sujets tirés de ses jeux, de ses promenades, de sa vie en classe, ou à la maison.

IV. — EXERCICES LIBRES D'ILLUSTRATIONS DE DEVOIRS ET CAHIERS DE COURS.

En classe et hors la classe. — Exercices d'après les éléments figurés ou naturels donnés.

DEUXIÈME ANNÉE (10 à 11 ans)

LANGUE FRANÇAISE
(6 heures 1/2 par semaine.)

Lecture et récitation. — Explication du sens des mots et des phrases. — Morceaux choisis des grands écrivains (prose et vers).

GRAMMAIRE

Révision des connaissances pratiques acquises dans le cours précédent.

Notions plus développées sur le verbe, le nom et l'article; l'adjectif. — Principales irrégularités.

Mots invariables, leur rôle dans le discours.

EXERCICES ORAUX ET ÉCRITS

Exercices simples de langue française et d'orthographe.

Reproduction orale ou écrite d'une histoire lue ou racontée. (*L'exercice écrit sera toujours précédé d'un exercice oral fait en classe.*) Dans la seconde partie de l'année, quelques récits pourront être tirés soit de petits souvenirs personnels de l'élève, soit de lectures faites à la maison.

LANGUES VIVANTES

(2 heures 1/2 par semaine.)

Continuer et développer les exercices de vocabulaire et de grammaire de l'année précédente.

Étude graduée des verbes irréguliers usuels.

Exercices de lecture et de traduction orale, tantôt livre ouvert, tantôt préparée.

Petits exercices de traduction écrite.

Dictées d'après des textes expliqués ou appris précédemment.

Causeries et interrogations à propos de la lecture.

Chansons et petites poésies.

Auteurs anglais.

Nelson : *Favourite Tales for the Nursery.*
Morceaux choisis, prose et vers.
Recueil de chansons.

Auteurs allemands.

Dieffenbach : *Unsere Kleinen.*
Andersen : *Bilderbuch.*
Morceaux choisis, prose et vers.
Recueil de chansons.

HISTOIRE ET GÉOGRAPHIE

HISTOIRE (¹)

(1 heure par semaine.)

On indique à titre d'exemples :

1. Anecdotes sur Corneille.
2. La défense de Saint-Jean-de-Losne.
3. La jeunesse de Turenne.
4. Anecdotes sur Poussin, sur Descartes.
5. Anecdotes sur saint Vincent de Paul.
6. Exploits de Jean Bart.
7. Fénelon à Cambrai.
8. Anecdotes sur Vauban.
9. Anecdotes sur Chevert, Montcalm.
10. Un appartement au XVIIIᵉ siècle.
11. Un château de riche particulier au XVIIIᵉ siècle.
12. Le serment du Jeu de Paume. — La nuit du 4 août.

(1) Voir page 24 les observations relatives à l'enseignement de l'histoire.

13. Les enrôlements volontaires.
14. Le capitaine Coignet.
15. Marbot.
16. Anecdotes sur Napoléon.
17. Anecdotes sur Victor-Hugo, sur Lamartine.
18. La jeunesse de Louis-Philippe.
19. L'armée française en Algérie, en Crimée, en Italie, traits d'héroïsme.
20. La vie de Pasteur.
21. Traits de patriotisme dans la guerre de 1870-1871.

GÉOGRAPHIE (1)

(1 heure par semaine.)

A. — Rappel des notions essentielles de nomenclature sur l'Amérique et l'Océanie.

B. — Rappel des noms des fleuves de France, nomenclature de leurs principaux affluents.

Rappel des noms des colonies françaises ; petite étude des *principales* colonies.

C. — L'Afrique et l'Asie.

(Même méthode qu'en première année.)

Exemple d'études plus détaillées.

1. Le Nil ; son cours ; aspect du Nil ; ses inondations ; animaux des régions du Nil ; climat, productions ; la vie des peuplades du Nil supérieur, des Égyptiens ; comment on voyage sur le Nil. — Description d'une pyramide, d'un grand temple ; le Caire et le musée égyptien ; fouilles dans un tombeau.

______

(1) Voir page 26 les observations relatives à l'enseignement de la géographie.

Le canal de Suez ; comment on le traverse.

2. **Région du Cap.** — Description du cap de Bonne-Espérance et de la ville du Cap. — Les troupeaux, les mines de diamants et d'or ; où elles se trouvent, comment on les exploite. — Le pays des Boërs.

3. **Le désert.** — Marche des caravanes ; les puits, les oasis, une ville du désert.

4. **Le Gange ;** son cours ; une ville du Gange ; monuments anciens ; la vie anglaise et la vie hindoue.

5. Voyage de Bonvalot.

6. Le Fousi-Yama, montagne nationale du Japon ; description d'une excursion au Fousi-Yama. — Les vues du Fousi-Yama dans l'art japonais.

7. Le chemin de fer transcaspien.

CALCUL ET LEÇONS DE CHOSES

CALCUL

(2 heures 1/2 par semaine.)

Revision des notions de calcul données l'année précédente. — Division quand le diviseur a plusieurs chiffres.

Lecture et écriture des nombres décimaux.

Addition, soustraction et multiplication des nombres décimaux.

Exercices oraux et écrits.

Nombreux exercices de calcul mental.

Quelques problèmes très simples sur les quatre opérations.

Principales unités du système métrique, en insistant sur celles que l'on peut montrer aux élèves. — Multiples et sous-multiples.

LEÇONS DE CHOSES

(1/2 heure par semaine.)

(Voir, page 28, le programme commun aux 3 années.|

TRAVAUX A L'AIGUILLE

Crochet. — Confection de fichus, de jupons.

Marque sur grosse toile.

Couture. — Ourlet. — Couture rabattue (en droit fil).
— Surjet.

Confection de mouchoirs, serviettes, essuie-mains;
chemises et brassières d'enfants.

DESSIN (¹)

[Programme commun à la 2ᵉ et à la 3ᵉ années.]

I. — DESSIN D'APRÈS NATURE.

a) **Objets usuels.**

En classe et hors la classe. — Premiers exercices ten-
dant à la représentation effective du modèle dans sa
forme propre, ses proportions, ses modifications
perspectives.

*Modèles. — Formes élémentaires à trois dimensions:
râteau, couteau, bobine, ballon, seau, etc. — Copeaux
de papier ou de bois.*

b) **Flore et faune naturelles.**

En classe et hors la classe. — Étude de formes simples
empruntées aux leçons de choses sur *les végétaux et
les animaux.*

(¹) Voir, page 21, les instructions qui précèdent le programme
de la classe enfantine.

c) **Croquis de figures au crayon et au pinceau.**

En classe et hors la classe. — Suite des exercices de la première année primaire. — Indications toujours larges, un peu plus complètes.

II. — COMBINAISONS DÉCORATIVES ÉLÉMENTAIRES.

En classe. — Libre construction de lignes destinées à orner une surface régulière donnée : rectangle, cercle, etc. — Combinaisons de ces lignes avec des formes organiques ou géométriques.

Modelage de formes usuelles à l'aide d'une matière plastique et décoration de ces formes, en creux ou en relief, à l'aide des combinaisons ornementales trouvées par les élèves.

III. — EXERCICES LIBRES DE DESSIN DE MÉMOIRE ET D'IMAGINATION.

En classe. — Dessins et croquis de mémoire.

Hors la classe. — Mêmes exercices qu'en première année primaire, s'appliquant en outre aux chansons apprises, aux lectures récréatives.

IV. — EXERCICES LIBRES D'ILLUSTRATIONS DES DEVOIRS ET CAHIERS DE COURS.

En classe ou hors la classe. — Exercices d'après les éléments figurés ou naturels donnés.

———

TROISIÈME ANNÉE (11 à 12 ans)

LANGUE FRANÇAISE

(6 heures 1/2 par semaine.)

Lecture. — Explication du sens des mots et des

phrases. — Quelques lectures pourront être préparées par l'élève, avant d'être expliquées en classe.
Récitation. — Morceaux choisis des grands écrivains (prose et vers).

GRAMMAIRE

Revision du cours précédent.
Participes.
Eléments principaux de la syntaxe.

EXERCICES ORAUX ET ÉCRITS

Exercices simples de langue et d'orthographe.
Mêmes exercices de rédaction que dans la classe précédente. — Petites compositions.

LANGUES VIVANTES

(2 heures 1/2 par semaine.)

Continuation des exercices de l'année précédente.
Lecture et traduction, à livre ouvert et préparée ; causerie sur la lecture.
Vocabulaire et grammaire ; exercices oraux et écrits.
Dictées d'après des textes expliqués ou appris précédemment.
Chansons et récitation.

Auteurs anglais.

Nelson : *Favourite Tales for the Nursery.*
Miss Corner : *History of Greece.*
Morceaux choisis, prose et vers.
Recueil de chansons.

Auteurs allemands (1).

Dieffenbach : *Unsere Kleinen.*
Hoffmann : *Jungendbibliothek.*
Morceaux choisis, prose et vers.
Recueil de chansons.

HISTOIRE ET GÉOGRAPHIE

HISTOIRE

(1 heure par semaine.)

Petits éléments d'histoire ancienne.

1° Les peuples de l'Orient.

Le pays des Hébreux.
Abraham et ses descendants jusqu'à Joseph.
Moïse.
Établissement des Hébreux en Palestine : Josué, Samson.
Les rois : David, Salomon. — La ville de Jérusalem.
Les prophètes Élie, Élisée. — Nabuchodonosor. Prise
 de Jérusalem. — Captivité de Babylone.
Cyrus. — Retour à Jérusalem.
Prise de Jérusalem par les Romains.

2° Les Grecs.

Le pays des Grecs.
Les légendes : Jason, Œdipe, la guerre de Troie.
Homère.
Principales divinités de la mythologie grecque.
Lycurgue, Solon.
Miltiade, Aristide, Thémistocle dans les guerres mé-
 diques.

____

(1) Il n'est pas interdit de prendre des ouvrages du même
genre en dehors des listes d'auteurs.

Périclès. — Petite description de la ville d'Athènes au
  temps de Périclès.
Alcibiade. — Socrate.
Epaminondas.
Philippe de Macédoine. — Démosthène.
Alexandre.
Prise de Corinthe par les Romains.

3° Les Romains.

Le pays des Romains.
Fondation de Rome. — Romulus. — Tarquin.
Le premier Brutus.
Camille et les Gaulois.
Pyrrhus.
Annibal et les Scipions.
Les Gracques.
Marius et Sylla. — Catilina.
Jules César et Pompée.
Auguste. — Tibère. — Néron. — Trajan.
Marc-Aurèle.
Constantin. — Théodose.

On n'a indiqué à dessein que des noms propres pour bien faire
comprendre que le professeur doit éviter soigneusement toute
abstraction. Pourtant ce petit cours d'histoire ancienne a un but :
laisser dans l'esprit des enfants des souvenirs très simples, mais
précis, des cadres, dans lesquels se placeront plus tard certaines
études de littérature ou bien l'étude des civilisations anciennes.

Pour arriver à ce résultat, le professeur ne craindra pas de
montrer et de faire apprendre les grandes divisions chrono-
logiques et les faits généraux dans lesquels se placent les noms
énumérés ci-dessus. Il insistera même sur la connaissance des
dates, à la condition expresse de ne choisir que celles qui sont
absolument importantes.

Par exemple, au début de l'histoire de la Grèce, il exposera
comment elle se divise et entre quelles époques elle se place.
Lorsqu'il arrivera au numéro du programme où figurent Miltiade, Aristide, etc., il commencera par dire ce que c'est que les
guerres médiques, à quels moments elles ont commencé et fini,

après cela, il *racontera* Miltiade, etc. Mais il se gardera de suivre l'histoire de ces guerres dans leur nomenclature et, après Salamine et Platées, il n'hésitera pas à laisser un grand vide, pour passer tout de suite à Périclès.

Pour savoir ce qu'il doit prendre ou abandonner des faits historiques, le professeur pourra avoir ce critérium :

Quels sont les faits ou les noms qui restent encore aujourd'hui dans les souvenirs d'esprits à demi cultivés et qui, à la rigueur, font partie du bagage de la conversation ? Or on peut se figurer quelqu'un faisant allusion à Thémistocle, à Salamine, à Alexandre, à Darius. Se le figure-t-on parlant de l'Eurymédon, de Cynoscéphales, etc. ?

GÉOGRAPHIE (¹)

(1 heure par semaine.)

A. — Revision de la nomenclature des cours antérieurs. Revision de la nomenclature de la France.

B. L'Europe. - Même méthode, en insistant davantage sur la nomenclature : mers et ce qui s'y rattache ; massifs et chaînes de montagnes ; grands fleuves et quelques-uns de leurs affluents ; les Etats de l'Europe, leurs capitales, leurs très grandes villes. — Population des Etats.

C. — Description pittoresque de différentes parties au choix du professeur.

(Même méthode que dans les cours précédents.)

D. — Comparaison, surtout par les côtés vivants et pittoresques entre certains pays du monde.

CALCUL ET LEÇONS DE CHOSES

CALCUL

(2 heures 1/2 par semaine.)

Revision des notions de calcul et de système métrique. Division des nombres décimaux.

---

(1) Voir page 26 les observations relatives à l'enseignement de la géographie.

Fractions ordinaires. — Opérations (*on se bornera aux règles pratiques*).

Exercices de calcul mental.

Problèmes dont les données seront toujours des nombres simples.

Règle de trois. — Applications.

LEÇONS DE CHOSES

(1/2 heure par semaine.)

(Voir, page 28, le programme commun aux 3 années.)

TRAVAUX A L'AIGUILLE

Crochet. — Jupons, brassières, chaussons.

Marque sur toile fine (lettres et chiffres divers).

Couture. — Couture rabattue en biais. — Point de piqûre. — Point de chausson.

Confection de brassières et de chemises d'enfants, de béguins ; de serviettes et de mouchoirs avec marques.

DESSIN

Voir, page 36, le programme commun à la 2ᵉ et à la 3ᵉ années.

ENSEIGNEMENT SECONDAIRE

PREMIÈRE PÉRIODE

(Durée : Trois ans)

PREMIÈRE ANNÉE

(Age : **12** ans.)

LANGUE ET LITTÉRATURE FRANÇAISES

(5 heures par semaine.)

I. — *Étude des textes.*

Explications de textes.

Exercices de lecture à haute voix sur des textes expliqués et commentés en classe.

Récitation de textes précédemment expliqués.

II. — *Étude de la langue.*

Revision des éléments de la grammaire.

Exercices oraux et écrits de langue et d'orthographe : Analyse grammaticale. — Dictées très courtes et très simples de textes variés et instructifs, préalablement lus et expliqués au point de vue du sens et de la grammaire. — Exercices élémentaires sur le vocabulaire et sur la formation des mots : substantifs tirés d'adjectifs, de verbes ; adjectifs tirés de substantifs, de verbes, etc. ; verbes tirés de substantifs et d'adjectifs, etc. — Étude de quelques préfixes et de quelques suffixes. — Trouver les dérivés et les composés d'un nom simple et les encadrer dans de petites phrases, etc. : exemples de familles de mots, etc.

III. — *Exercices de composition.*

Exercices oraux ou écrits sur des sujets très courts, narrations, descriptions, etc., soit d'après une lecture faite en classe, soit sur une matière très simple.

IV. — *Liste d'auteurs.*

La Fontaine. — *Fables* (les six premiers livres).
Corneille. — *Le Cid.*
Racine. — *Esther.*
Molière. — Extraits choisis.
Récits extraits des prosateurs et poètes du moyen âge et mis en français moderne.
Fénelon. — Choix de *dialogues* et de *fables.*
Extraits des prosateurs et poètes du XIXe siècle (morceaux lyriques, récits, descriptions).

LANGUES VIVANTES

(3 heures par semaine.)

Revision des notions grammaticales acquises précédemment.
Premiers éléments de syntaxe ; exercices gradués, oraux et écrits.

Vocabulaire.

Lecture improvisée et lecture préparée : causeries s'y rattachant.

Petits récits oraux et écrits en langue étrangère.

Poésies. — Chansons.

Auteurs anglais.

Ch. Dickens. — *The Child's History of England* (les premiers chapitres).

ou : Miss Corner. — *History of England.*

Miss Alcott. — *An old-fashioned Girl, Little Men, Little Women.*

Aikin et Barbauld. — *Evenings at home.*

Morceaux choisis, prose et vers.

Recueil de chansons.

Auteurs allemands.

Hebel. — *Schatzkastlein* (extraits).

Lessing. — *Fabeln.*

Schmid. — *Erzählungen.*

Niebuhr. — *Erzählungen aus der griechischen Heldenzeit.*

Morceaux choisis, prose et vers.

Recueil de chansons.

HISTOIRE

(2 heures par semaine.)

Le professeur devra s'abstenir de donner à tous les numéros du programme le même développement. Sur quelques-uns, il se bornera à un sommaire très court, qui aura uniquement pour objet de ne pas interrompre la suite des événements. Il se réservera pour d'autres — à son choix — qu'il pourra ainsi développer à loisir.

Le professeur garde donc, dans la disposition de ses leçons, une certaine liberté, mais à la condition expresse d'arriver, à la fin de chaque trimestre, au bout des parties du programme indiquées pour le trimestre.

Il est essentiel de réserver le mois de juillet à la revision générale.

Histoire nationale et notions sommaires d'histoire générale.

PREMIER TRIMESTRE

Grandes divisions de l'histoire de la France et de l'Europe.

1° *La Gaule avant les invasions.*

La Gaule et les Gaulois. Conquête de la Gaule par les Romains : Jules César et Vercingétorix.

Grandes villes de la Gaule romaine. Le christianisme en Gaule.

Les Barbares : leurs mœurs.

2° *La Gaule mérovingienne et carolingienne.*

Les invasions : Attila.

Clovis. Frédégonde et Brunehaut. Les moines en Germanie. Charles Martel.

Charlemagne.

Invasions des Normands. Traité de Verdun.

3° *L'époque des croisades.*

Simple indication des grands pays de l'Europe. Les premiers Capétiens.

Guillaume le Conquérant.

La première croisade.

Progrès de la royauté française : Louis VI ; Philippe-Auguste ; Saint Louis. Le roi ; les seigneurs ; les communes.

Grandeur du XIIIe siècle. Le commerce et l'industrie. Une église gothique ; un château féodal.

DEUXIÈME TRIMESTRE

4° *L'Europe de la guerre de Cent ans.*

Philippe le Bel. Les premiers États généraux. Boniface VIII. Les Templiers.

Les Valois. Première partie de la guerre de Cent ans : les grands épisodes d'après les récits de Froissart.

Paris au XIVe siècle. Étienne Marcel.

Charles V et Du Guesclin.

Charles VI. Armagnacs et Bourguignons.

Charles VII. Jeanne d'Arc.

Louis XI et Charles le Téméraire.

Italie et Flandre : Florence, Venise; Bruges, Gand.

Coup d'œil sur l'état de l'Europe vers la fin du XVe siècle. Ferdinand le Catholique et Isabelle. Les Turcs à Constantinople.

Les inventions : la poudre à canon, la boussole, le papier, l'imprimerie.

Résumé rapide des principales périodes de notre histoire depuis les origines jusqu'au milieu du XVe siècle.

TROISIÈME TRIMESTRE

5° *La Renaissance et la Réforme.*

Les grandes découvertes géographiques : Christophe Colomb, Vasco de Gama, Magellan.

Grands épisodes des guerres d'Italie : Charles VIII et Louis XII. Les papes Jules II et Léon X.

Rivalité de la France et de la maison d'Autriche : Charles-Quint, François 1er, Henri II.

La Renaissance en Italie : quelques grands artistes et quelques grands écrivains.

La Renaissance en France : Chambord, Le Louvre, Fontainebleau.

Luther et Calvin.

Luttes religieuses en Europe : Philippe II, Élisabeth et Marie Stuart, Guillaume le Taciturne.

Grands épisodes des guerres de religion en France : le chancelier de l'Hospital, les Guises.

Henri IV et Sully.

Coup d'œil sur les principaux États de l'Europe en 1610.

GÉOGRAPHIE

(1 heure par semaine.)

AFRIQUE. — ASIE. — AMÉRIQUE

PREMIER TRIMESTRE

Les noms et la place des continents, des océans et des parties du monde.

Afrique.

Généralités. — Forme de l'Afrique, sa place dans l'ancien continent, sa situation par rapport à l'équateur. Mers qui la baignent. Les îles.

Relief du sol. — Les montagnes et les plateaux.

Climat. — Distribution de la chaleur et des pluies. Les déserts.

Hydrographie. — Les grands fleuves et les grands lacs.

Les populations de l'Afrique.

Énumération des principaux États et des principales

colonies européennes. On insistera seulement sur les pays suivants :

L'Égypte et la vallée du Nil. — L'isthme de Suez
L'Abyssinie.
L'Algérie et la Tunisie.
Le Sahara, le Sénégal et le Soudan.
La région du Congo.
L'Afrique australe britannique.

DEUXIÈME TRIMESTRE

Océanie.

Généralités. — L'Océan Pacifique et la répartition des terres qui s'y trouvent. Les volcans du Pacifique. Les coraux.
L'Insulinde.
L'Australie et la Nouvelle-Zélande.

Amérique.

Généralités. — Forme et divisions du continent américain. Sa situation par rapport aux pôles et à l'équateur. Océans qui le baignent. — Les terres polaires.

Amérique du Nord.

Géographie physique. — Grands traits du relief : principales montagnes et plaines. Les grands fleuves et les grands lacs.
Le Dominion canadien.
Les États-Unis. — Étendue ; grandes régions naturelles ; principales productions et industries.
Le Mexique.

Amérique centrale et Antilles.

Amérique centrale. — Énumération des États.
Antilles. — Énumération des principales possessions
  européennes. Productions principales.
L'isthme de Panama.

Amérique du Sud.

Géographie physique. — Grands traits du relief;
  grandes chaines et plaines. Les grands fleuves. Les
  grandes zones de végétation.
Énumération des États et de leurs capitales. On insis-
  tera seulement sur les trois États suivants :
Le Brésil.
La République argentine.
Le Chili.

MATHÉMATIQUES

(2 heures par semaine.)

ARITHMÉTIQUE

Numération.
Les quatre opérations : définitions, règles pratiques et
  applications.
Exercices de calcul mental.
Fractions ordinaires. Simplifications les plus faciles.
  Opérations.
Nombres décimaux.
Racine carrée (règle pratique).
Système métrique.

(Cet enseignement doit être donné au point de vue pratique.)

GÉOMÉTRIE

Emploi de la règle, du compas et du rapporteur.

Polygones. Diverses espèces de triangles et de quadrilatères.

Parallélépipède. Cube. Prisme. Cylindre. Pyramide. Cône. Sphère.

Mesure des aires et des volumes.

Ce cours n'a d'autre but que d'initier les élèves aux constructions et à la connaissance des formes géométriques et leur permet de mieux appliquer le système métrique.

HISTOIRE NATURELLE

L'enseignement des sciences naturelles dans la 1re et la 2e années est essentiellement concret. Il a pour but d'apprendre aux élèves à voir, à comparer et à décrire les objets qu'elles ont sous les yeux. Se proposant de développer le sens de l'observation, il ne doit pas surcharger la mémoire par des énumérations fastidieuses; les nomenclatures seront rigoureusement proscrites.

ZOOLOGIE

(1 heure par semaine jusqu'au 15 avril.)

Dans l'étude des groupes zoologiques on insistera d'une manière générale sur les espèces vulgaires, sur celles dont l'homme tire profit ou qui sont nuisibles. En particulier les mammifères, les oiseaux, les insectes devront faire l'objet principal du cours, à cause des produits qu'ils nous fournissent, des services qu'ils nous rendent, des dommages qu'ils nous causent. Les descriptions seront données, toutes les fois qu'il sera possible, sur des objets mis sous les yeux des élèves ; à défaut des objets eux-mêmes, on fera usage de planches murales et surtout de dessins exécutés au tableau.

Les grandes divisions du règne animal.

VERTÉBRÉS. — Notions très succinctes sur l'organisation d'un vertébré (le chien par exemple).

Mammifères : Caractères, principaux ordres.

Oiseaux : Caractères, exemples choisis parmi les principaux ordres ; protection des oiseaux utiles.

Reptiles : Crocodiles, Tortues, Lézards, Serpents ; Serpents venimeux.

Batraciens : Caractères, métamorphoses.

Poissons : Caractères, Poissons osseux, Poissons cartilagineux. Pêche.

ARTICULÉS :

Insectes : Caractères, métamorphoses ; exemples choisis dans les divers ordres ; Insectes sociaux.

Arachnides : Araignée, Scorpion ; *Myriapodes.*

Crustacés : Écrevisse, Homard.

VERS : Caractères, notions sur les Vers parasites.

Mollusques : Caractères, exemples choisis dans les principales classes.

Rayonnés : Oursins, Etoiles de mer ; Coraux, Méduses.

Protozoaires : Éponges.

Notions sommaires sur la distribution des animaux à la surface du globe.

BOTANIQUE

(1 heure par semaine depuis le 15 avril.)

Le cours de botanique a été reculé jusqu'au 15 avril pour permettre l'emploi de plantes vivantes dans toutes les démonstrations. Ces plantes, choisies parmi les espèces communes, devront être distribuées aux élèves de manière qu'elles puissent suivre les explications du professeur. Le résumé de ces explications pourra être ensuite donné à l'aide de planches murales et surtout de dessins faits au tableau noir.

L'étude des familles sera faite au fur et à mesure des époques de floraison, et la description d'une espèce type sera accompagnée ensuite d'indications sommaires sur les plantes de la même famille les plus communes, utiles à l'homme à divers titres ou seulement nuisibles.

Le cours sera très utilement accompagné d'excursions.

Diverses parties d'une plante.

Grandes divisions du règne vég'tal.

Notions sommaires et purement descriptives sur les divers organes d'une plante ; racine, tige, feuilles et bourgeons.

Fleur, fruit, graine.

Étude d'un petit nombre de types choisis dans les principales familles.

On se bornera, dans la fin du cours de cette année, à l'étude des *Dicotylédones gamopétales* telles que : Solanées, Labiées, Scrofularinées, Borraginées, Primulacées, Composées, et des *Dicotylédones dialypétales* telles que : Renonculacées, Crucifères, Papavéracées, Légumineuses, Ombellifères.

COUTURE

(2 heures par semaine au minimum.)

Tricot : mailles à l'endroit, à l'envers, côtes ; augmentations et diminutions.

Marques sur linge damassé.

Éléments de la tapisserie ; assemblage des couleurs.

Couture ; — les différents points : point devant, point de côté, point arrière, point de surjet, point de chausson.

Couture rabattue en biais ; — surjet, piqûre, froncés, œillets, boutonnières. — Reprise simple ; — raccommodage de linge.

Confection de bonnets, brassières, bavettes, maillots, chemises d'enfants.

DESSIN (¹)

(2 heures par semaine au minimum.)

I. — DESSIN D'APRÈS NATURE.

a) Objets usuels.

En classe et hors la classe. — Suite des exercices des

---

(1) Voir, page 21, les instructions qui précèdent le programme de la classe enfantine.

deuxième et troisième années primaires. — Représentation du modèle, avec observation serrée du caractère de l'objet et de ses détails (attaches, anses, poignées, etc.) ainsi que des effets de la perspective.

odèles. — Objets à l'usage de l'écolière et meubles de forme simple : Plumier, boîte de couleurs, bol, tasse, broc, etc. Panier à bois, petit banc, table, etc.

b) **Flore et faune naturelles.**

En classe et hors la classe. — Étude de formes caractéristiques se rattachant au programme d'histoire naturelle : organes de la plante (*racine, tige, feuille, bourgeon, fleur, fruit, graine*). — *Silhouettes animales.*

c) **Croquis de figures au crayon et au pinceau.**

En classe et hors la classe. — Croquis d'ensemble, d'après le *modèle vivant vêtu.* — Étude plus serrée de la forme générale, sans détail de la tête, ni des extrémités.

II. — COMPOSITION DÉCORATIVE ET APPLICATIONS.

En classe. — Tracés linéaires de compositions très simples : semis clairs d'un ou plusieurs éléments légers et fines guirlandes de fleurettes applicables, par exemple, à l'exécution de broderies pour layette et lingerie d'enfant. — Adaptation de ces éléments en vue de les rendre applicables au dessin de tapisseries. — Echantillonnage sur étoffes.

Hors la classe. — Echantillonnage sur étoffes. — Essais d'exécution de broderies et de tapisseries d'après les dessins composés et coloriés.

Modelage. — Continuation des exercices de modelage en matière plastique. Modelage de fleurs simples en papier souple.

III. — EXERCICES LIBRES OU DIRIGÉS DE DESSIN DE MÉMOIRE.

En classe. — Exercices appliqués à l'observation analytique et à la reproduction de mémoire de modèles étudiés d'après nature ou de compositions ornementales de maîtres.

Hors la classe. — Reproduction de mémoire de scènes animées.

IV. — EXERCICES LIBRES. — ILLUSTRATIONS DES DEVOIRS
ET CAHIERS DE COURS.

En classe et hors la classe. — Exercices correspondant au programme de l'année d'études : sujets se prêtant à la représentation pittoresque.

V. — COMPLÉMENTS D'ÉDUCATION ESTHÉTIQUE.

Notions sur l'histoire de l'art français à l'aide de modèles en plâtre, photographies, gravures, cartes postales, etc., en rapport avec le cours d'histoire de premièreannée : moyen âge et Renaissance. — Croquis correspondants exécutés d'après le relief ou d'après les reproductions de dessins de maîtres.

GYMNASTIQUE

(1 heure et demie par semaine, au minimum.)

Voir, page 126, les exercices prévus par le manuel de gymnastique du ministère de l'instruction publique.

DEUXIÈME ANNÉE

(AGE : 13 ANS.)

LANGUE ET LITTÉRATURE FRANÇAISES

(5 heures par semaine.)

I. — *Étude des textes.*

Explications de textes.

Exercices de lecture à haute voix sur des textes expliqués et commentés en classe.

Récitation de textes précédemment expliqués.

II. — *Étude de la langue.*

Revision de la première partie de la grammaire. — Syntaxe.

Continuation des exercices oraux et écrits de langue et d'orthographe. — Dictées de textes variés et instructifs, préalablement lus et expliqués en classe.

Exercices sur la syntaxe : propositions indépendantes et propositions subordonnées. — Exercices sur les synonymes ; encadrer les synonymes dans de petites phrases qui en fassent ressortir la signification.

III. — *Exercices de composition.*

Exercices oraux et écrits, narrations, descriptions, etc., soit d'après une lecture faite en classe, soit sur une matière très simple.

IV. — *Liste d'auteurs.*

La Fontaine. — *Fables.*

Corneille. — *Horace.*

Racine. — *Iphigénie.* — *Les Plaideurs.*

Boileau. — OEuvres poétiques (choix de *satires* et *d'épitres*, épisodes du *Lutrin*).

Portraits et récits extraits des Mémoires du xviie et du xviiie siècle.

Augustin Thierry. — Extraits narratifs (*Récits des temps mérovingiens ; Lettres sur l'Histoire de France ; Conquête de l'Angleterre*).

Lamartine. — *Lectures pour tous.*

V. Hugo. — *Les enfants.*

Morceaux choisis des prosateurs et poètes français du xvie au xixe siècle.

LANGUES VIVANTES

(3 heures par semaine.)

Continuation et développement des exercices de grammaire et de vocabulaire de l'année précédente.

Lecture et causeries.

Thèmes ; versions et dictées.

Géographie du pays dont on étudie la langue. — Monnaies, poids et mesures. — Voyages sur la carte, récits et descriptions.

Courtes rédactions en langue étrangère.

Récitation.

Auteurs anglais.

Ruskin. — *The king of the golden river* (conte d'enfant).

M. Martineau. — *The Crofton boys.*
Kingsley. — *Water babies* (extraits).
D. de Foë. — *Robinson Crusoë* (édition abrégée).
Morceaux choisis, prose et vers.

Auteurs allemands.

Kotzebue. — *Die deutschen Kleinstädter.*
Auerbach. — *Barfüssele.*
Benedix. — *Haustheater* (extraits).
Spyri. — *Heidi.*
Petersen. — *Ilse.*
Morceaux choisis, prose et vers.

HISTOIRE (¹)

(2 heures par semaine.)

Histoire nationale
et notions d'histoire générale (SUITE).

PREMIER TRIMESTRE

1º *L'Europe du XVIIᵉ siècle.*

Grands États de l'Europe au xviiᵉ siècle.
Louis XIII ; Richelieu.
La guerre de Trente ans ; Gustave-Adolphe et Wallenstein ; Condé, Turenne. Traités de Westphalie.
Révolution de 1648 en Angleterre. Cromwell.
Minorité de Louis XIV : Mazarin ; la Fronde.
Gouvernement de Louis XIV. Colbert : industrie, commerce et colonies. Louvois, Vauban.

---

(1) Voir page 45 la note qui précède le programme de la Première année.

Principaux épisodes des guerres et principaux traités.
Révocation de l'édit de Nantes. Guillaume III.
Guerre de la succession d'Espagne ; principaux épisodes. Traité d'Utrecht.
État de la France et de l'Europe à la mort de Louis XIV.

DEUXIÈME TRIMESTRE

Le siècle de Louis XIV. Grands écrivains et grands artistes. Versailles et la Cour.

2° *L'Europe du XVIII° siècle.*

La Russie : Pierre le Grand et Charles XII.
Louis XV : la Régence ; Fleury.
Tableau de l'Europe vers 1740.
Louis XV, Frédéric II et Marie-Thérèse. Guerre de la Succession d'Autriche ; guerre de Sept ans : principaux épisodes.

TROISIÈME TRIMESTRE

Lutte maritime et coloniale entre la France et l'Angleterre : Dupleix, Montcalm. Traité de Paris. Choiseul, Clive et Hastings dans l'Hindoustan.
Formation des États-Unis : Franklin, Washington, La Fayette.
Catherine II : la Pologne ; la Turquie.
État de la France dans la seconde moitié du XVIII° siècle ; le roi, la cour, les ministres et les intendants.
La noblesse, le clergé, le tiers état. L'impôt ; les corporations industrielles. Montesquieu, Voltaire, Rousseau.
Louis XVI ; Turgot ; Necker.

GÉOGRAPHIE

(1 heure par semaine.)

EUROPE ET ASIE

PREMIER TRIMESTRE

Europe.

Généralités. — Situation, forme et superficie.

Relief du sol. — Montagnes et plaines. Insister un peu sur les Alpes.

Climat. — Distribution de la chaleur et de l'humidité ; grandes zones de climat.

Hydrographie. — Les régions de lacs ; les grands fleuves et leurs principaux affluents.

Les mers et les côtes.

Populations. — Races, langues, religions.

États de l'Europe (¹).

La Turquie d'Europe et les États balkaniques. — L'Empire turc. Les nationalités balkaniques. Les États chrétiens des Balkans. La Grèce.

Italie. — La plaine du Pô et les Apennins ; les volcans ; les grandes régions italiennes.

Espagne et Portugal. — Le plateau ibérique. Pauvreté des fleuves.

---

(1) Pour les divers États, on indiquera la situation, les États voisins, les traits élémentaires du relief du sol, les particularités du climat, les principaux fleuves, les grandes villes ; mais on le fera d'une façon très brève et en se gardant des nomenclatures trop étendues ; les développements, qui resteront très simples, ne porteront que sur les points spécifiés au programme.

Europe (FIN).

Royaume-Uni de Grande-Bretagne et d'Irlande. — Sa situation insulaire. Les estuaires et les ports. L'industrie et le commerce anglais. Situation particulière de l'Irlande. Le peuple anglais ; l'expansion anglaise. Énumération des principales colonies anglaises.

Belgique. — L'industrie belge. Flamands et Wallons.

Pays-Bas. — La conquête du sol. Fleuves et canaux. Énumération des colonies des Pays-Bas.

Suisse. — Les Alpes suisses. Le peuple et l'organisation politique. L'industrie et les grandes voies internationales.

Autriche-Hongrie. — Les Alpes d'Autriche ; le plateau de Bohème et la plaine de Hongrie. Le Danube. Les nationalités. Caractères de l'organisation politique.

Allemagne. — Les plateaux du sud et la plaine du nord. Les grands fleuves allemands. Organisation de l'Empire et les principaux États allemands : Prusse, Bavière, Saxe, Wurtemberg, villes libres. Les grandes régions industrielles. L'émigration et la colonisation allemandes.

États scandinaves.

L'Empire russe. La Russie d'Europe. — La plaine russe et les fleuves ; le climat et les grandes zones de végétation ; le peuple russe ; le gouvernement.

Grandes voies de communication d'une extrémité à l'autre de l'Europe. Grands express européens.

Asie.

Généralités. — Grands traits du relief du sol ; les plateaux et les plaines ; régions sèches et régions arrosées ; les grands déserts et les moussons ; bassins fermés et bassins extérieurs ; les grands fleuves ; les deltas.

La population de l'Asie. — Races et religions.

Russie d'Asie. — La Transcaucasie ; la Sibérie ; le Turkestan russe. Le Transsibérien et le Transcaspien.

Turquie d'Asie. — Les grandes voies ferrées.

L'Inde. — La plaine indo-gangétique et le plateau du Dekkan. Ressources végétales. Les Anglais et les indigènes. Les religions.

Empire chinois. — La Chine du nord et la Chine du sud ; climat et productions de la Chine ; les grands ports, le commerce. La Chine et les étrangers.

Japon. — Les productions principales. La transformation du Japon. L'industrie et le commerce. L'expansion japonaise.

MATHÉMATIQUES

(2 heures par semaine.)

ARITHMÉTIQUE

Exercices sur le programme de l'année précédente.

Caractères de divisibilité par les nombres 2, 5, 4, 25, 9. 3 déduits de la recherche du reste de la division par ces nombres.

Notions élémentaires sur les nombres premiers. Décomposition d'un nombre en ses facteurs premiers. Application à la formation du plus grand commun diviseur et du plus petit commun multiple de plusieurs nombres entiers.

Réduction d'une fraction à sa plus simple expression.

Réduction de plusieurs fractions au plus petit dénominateur commun.

Rapports et proportions. Grandeurs proportionnelles ; problèmes divers.

Introduction des lettres dans la résolution des problèmes.

(L'enseignement de l'arithmétique doit comporter le moins possible de théorie.)

HISTOIRE NATURELLE [1]

GÉOLOGIE

(1 heure par semaine pendant un semestre.)

Le cours de géologie devra être fait avec des échantillons de minéraux, roches et fossiles placés sous les yeux des élèves, à l'aide de planches murales et de dessins faits au tableau noir.

MATÉRIAUX QUI CONSTITUENT LE SOL.

Minéraux : Quartz, mica, feldspath, sel gemme, gypse.

Roches essentielles : Roches feldspathiques : granits, porphyres, lave. — Roches siliceuses : quartz, silex, meulières, sables siliceux. — Roches argileuses : argiles, schistes. — Roches calcaires : pierre à bâtir, marbres, craie. — Roches marneuses. — Roches combustibles : houille, lignite, tourbe.

PHÉNOMÈNES ACTUELS.

Action du vent : Dunes.

---

(1) Voir page 51 la note qui précède le programme de la première année.

Pluies, eaux de ruissellement, torrents. — Eaux d'infiltration, sources, puits, puits artésiens.

Action destructive de l'eau. — Fleuves et rivières, lacs, mers. — Ravinement, creusement des vallées. — Falaises.

Terrains formés par les eaux : Alluvions, cailloux roulés, sables, limons. — Deltas. — Débris d'êtres vivants : fossiles.

Glaciers : formation et mouvement.

Volcans : éruptions. — Sources thermales. — Mouvements lents du sol, mouvements brusques, tremblements de terre.

PHÉNOMÈNES GÉOLOGIQUES ANCIENS.

Rapprochement des phénomènes actuels et des phénomènes anciens. — Roches stratifiées et non stratifiées. — Notions très sommaires sur la stratification, âge relatif des formations. — Utilité des fossiles pour caractériser les terrains. — Idée sommaire des grandes périodes géologiques avec l'indication des formes animales les plus importantes.

BOTANIQUE

(1 heure par semaine pendant le second semestre.)

Continuation de l'étude des principaux groupes de végétaux.

Arbres fruitiers. — *Dicotylédones apétales.* — Quelques exemples choisis parmi les arbres forestiers : Cupulifères, Bétulinées, Salicinées. — Polygonées, Chénopodées.

Monocotylédones : Etude de quelques types : Liliacées, Iridées, Orchidées, Graminées, Palmiers.

Gymnospermes : Conifères.

CRYPTOGAMES. — *Cryptogames à racines.* — Fougères, Prêles, Lycopodiacées.

Cryptogames sans racines. — Mousses. — Thallophytes : Algues, Champignons, Lichens.

Idée sommaire de la distribution des végétaux à la surface du globe.

Principales régions de cultures en France.

COUTURE
(2 heures par semaine au minimum.)

Tricot. — Jours et dessins. — Confection d'objets divers.

Coupe et couture de linge de ménage.

Couture : brides ; — pièces en carré ; — pièces à angle avec surjet ; reprises à angle ; — reprises en biais ; — manches à poignet.

Reprises de bas ; — reprises remmaillées.

Coupe, assemblage et couture d'objets de lingerie : chemises de fillettes, pantalons, camisoles, etc.

Étude des mesures à prendre ; principes de la construction des patrons ; — figures géométriques ; — lignes de construction ; — points de repère.

Notions sur les différentes sortes d'étoffes et les diverses bordures ; — fils à employer.

Raccommodage des vêtements.

DESSIN (1)
[Programme commun à la 2e et à la 3e années.]
(2 heures par semaine au minimum.)

I. — DESSIN D'APRÈS NATURE.

a) **Objets usuels.**

En classe et hors la classe. — Petites natures mortes.

____

(1) Voir, page 21, les instructions qui précèdent le programme de la classe enfantine.

b) **Flore et faune naturelles.**

En classe et hors la classe. — Suite des exercices de première année secondaire sur le programme de botanique, et, en outre, études d'ensemble sur *branches de fleurs, de feuillages, de fruits, accessoires de la plante.* — Croquis d'*animaux familiers.*

c) **Croquis de figures au crayon et au pinceau. Sujets isolés ou groupés.**

En classe et hors la classe. — Suite des exercices de première année secondaire avec recherche du caractère du modèle touchant l'action, l'expression, etc.

II. — COMPOSITION DÉCORATIVE ET APPLICATIONS.

En classe. — Composition de motifs ornementaux pouvant s'appliquer : 1° à des surfaces planes ; 2° à des surfaces courbes.

Interprétation de formes organiques.

Recherche de silhouettes ornementales, formes étudiées sur nature, profils de montagnes, vagues, fumées, nuages, etc.

Étude des formes symétriques ; axe et plan de symétrie ;
de diagrammes géométriques formant le plan de compositions régulières ;
des formes asymétriques ;
de dispositions libres construites sur des lignes souples.

Notions théoriques sur les points suivants : coordination dans les éléments décoratifs ; distribution des pleins et des vides ; équilibre des volumes ; balancement des lignes.

Distribution de la lumière et des ombres, concentration ou diffusion de l'effet. Relation de valeurs.

Premières notions sur l'harmonie et les contrastes des couleurs. Modifications des apparences colorées selon la lumière.

Parti à tirer des teintes plates, du camaïeu, des tons sur tons, etc.

Application des notions théoriques à la décoration d'exercices compris dans le programme des travaux à l'aiguille : pièces de trousseau, linge de table, etc. ; et à la décoration de menus objets mobiliers ou de parure. (Exécution par des procédés faciles et décoratifs, tels que pyrogravure, repoussage du cuir, de l'étain, etc.).

Modelage. — Continuation des exercices de modelage en matière plastique. Modelage de fleurs en papier : interprétation de fleurs naturelles.

III. — EXERCICES LIBRES OU DIRIGÉS DE DESSIN DE MÉMOIRE.

En classe. — Mêmes exercices qu'en première année secondaire.

IV. — EXERCICES LIBRES. — ILLUSTRATIONS DES DEVOIRS ET CAHIERS DE COURS.

En classe et hors la classe. — Mêmes exercices qu'en première année secondaire correspondant au programme d'études générales.

V. — COMPLÉMENTS D'ÉDUCATION ESTHÉTIQUE.

Notions sur l'histoire de l'art français à l'aide de modèles en plâtre, photographies, gravures, cartes postales, etc., et en rapport avec les cours d'histoire de deuxième, troisième années : XVIIe, XVIIIe, XIXe siècles. — Croquis correspondants exécutés d'après le relief et d'après la reproduction de dessins de maîtres.

GYMNASTIQUE
(1 heure et demie par semaine au minimum.)

Voir, page 126, les exercices prévus par le manuel de gymnastique du ministère de l'instruction publique.

TROISIÈME ANNÉE
(ÂGE : 14 ANS.)

MORALE
(1 heure par semaine.)

Morale pratique.

Le cours de morale pratique doit se proposer de provoquer la réflexion, d'éclairer et de fortifier le sentiment, de développer le sens de la vie morale. C'est ainsi qu'il deviendra une préparation a l'enseignement moins concret de la morale théorique et de la psychologie. Méthodique et suivi quant au fond, ce cours sera varié de forme, entremêlé de lectures et de récits, et animé par la part directe que les élèves seront invitées à y prendre. A cet effet, on pourrait, par exemple, dicter à chaque leçon un sommaire très court qui fournirait la matière de la leçon suivante.

Il est désirable que les directrices se chargent elles-mêmes, autant que possible, du cours de morale pratique.

I. *La Famille.* — Nécessité et bienfaits de la famille. — Devoirs des enfants et des parents, des frères et des sœurs, des maîtres et des serviteurs. — Rôle de la femme et de la jeune fille au foyer domestique. — Le respect dans la famille. — L'esprit de famille.

II. *La Société.* — Nécessité et bienfaits de la vie sociale. Solidarité.

1° La justice. — Respect de nos semblables dans

leur vie, dans leur liberté, dans leur honneur et leur réputation. — La calomnie et la médisance. — Respect de nos semblables dans leurs croyances; leurs opinions, leurs sentiments, etc. — Respect de la propriété, des contrats et des promesses. — La probité. — L'équité.

2° La charité. — Bienfaisance. — Aumône ; autres modes d'assistance.

Bonté, dévouement. — Bienveillance. — La politesse. L'amitié. — Devoirs des amis.

La charité chez l'enfant et la jeune fille.

Devoirs relatifs aux animaux.

III. *La Patrie.* — L'idée de la patrie. Le patriotisme. — L'État. La Constitution et les lois.

Devoirs des citoyens. Obéissance aux lois, service militaire, impôts, vote.

Devoirs des nations entre elles. — La guerre, les devoirs des femmes pendant la guerre.

IV. *Devoirs personnels.* — Devoirs relatifs au corps. — La tempérance (¹).

Devoirs relatifs aux biens extérieurs. — Le travail.

Devoirs relatifs à l'âme : sincérité, force d'âme, dignité et beauté morale. — Le perfectionnement moral et l'éducation de soi-même. — Les vertus féminines.

V. *Devoirs religieux.* — Rôle du sentiment religieux en morale. — Les sanctions de la morale ; rapports de la vertu et du bonheur ; la vie future et Dieu. — La tolérance.

---

(1) *L'alcoolisme.* — Effets de l'alcoolisme : Criminalité, suicide, accidents de travail. — Dommages causés par l'alcoolisme à la race, à la famille, à la société et au pays. — Ce que l'alcoolisme coûte à la France.

LANGUE ET LITTÉRATURE FRANÇAISES

(3 heures et demie par semaine.)

I. — *Étude des textes.*

Lectures et explications de textes.
Récitation de textes précédemment expliqués.
Notions sommaires de versification à l'occasion des
  textes expliqués.

II. — *Étude de la langue.*

Revision de la syntaxe.
Dictées expliquées.

III. — *Exercices de composition.*

Exercices oraux et écrits ; narrations, descriptions,
  lettres, etc.

IV. — *Liste d'auteurs.*

Corneille. — *Cinna, Polyeucte.*
Molière. — *Les Femmes savantes.*
Bossuet. — *Oraisons funèbres d'Henriette de France,
  d'Henriette d'Angleterre, du prince de Condé.*
Lectures sur la société du XVIIe et du XVIIIe siècles, tirées
  des Mémoires et des Correspondances.
Chateaubriand. — *Récits, scènes et paysages.*
Lamartine. — *Lectures pour tous.*
V. Hugo. — Extraits de la *Légende des siècles.*
Morceaux choisis des prosateurs et poètes français du
  XVIe au XIXe siècles.

LANGUES VIVANTES

(3 heures par semaine.)

Revoir et compléter l'étude de la grammaire et du voca-
   bulaire.
Formation des mots.
Lecture et commentaire.
Thèmes oraux, préparés et improvisés.
Notions d'histoire du pays dont on étudie la langue :
   grandes époques et grands hommes, biographies,
   exposés oraux et causerie.
Petites compositions.
Poésies et premiers éléments de prosodie.

Auteurs anglais.

Habberton. — *Helen's babies.*
Lamb. — *Tales from Shakespeare.*
Macaulay. — *Essays.*
W. Irving. — *Sketch-Book.* — *The Life and Voyages
   of Christopher Columbus.*
Dickens. — *David Copperfield.*
Longfellow. — *Evangeline.*
Morceaux choisis, prose et vers.

Auteurs allemands.

Lessing. — *Minna von Barnhelm.*
Goethe. — *Götz* (extraits).
Schiller. — *Wilhelm Tell.*
G. Freytag. — *Bilder aus der deutschen Vergangenheit*
   (extraits).
Fouqué. — *Undine.*

Chamisso. — *Peter Schlemihl.*
Ottilie Wildermuth. — *Romans choisis.*
Grimm. — *Volksmärchen.*
Morceaux choisis, prose et vers.

HISTOIRE (¹)

(*2 heures par semaine.*)

Histoire nationale et notions d'histoire générale.
(SUITE.)

PREMIER TRIMESTRE

1º *La Révolution française.*

La Constituante : Journée du 14 juillet et nuit du 4
   août. Mirabeau.

Principales réformes de la Constituante. Traits essentiels de la Constitution de 1791.

La Législative, le 10 août. La première coalition :
   Valmy.

La Convention ; les Girondins et les Montagnards ; la
   Terreur, le 9 thermidor ; créations de la Convention.

La grande coalition ; les généraux et les armées de la
   République. Traités de Bâle.

Le Directoire, Bonaparte ; campagne d'Italie : grands
   épisodes. Traité de Campo-Formio. Expédition
   d'Égypte. Deuxième coalition : Masséna. Le 18 bru-
   maire.

Le Consulat. Traits essentiels de la Constitution de l'an
   VIII. Le Concordat. Marengo, Hohenlinden. Traités
   de Lunéville et d'Amiens.

---

(1) Voir page 24 la note qui précède le programme de la
Première année

2° *L'Empire.*

Les grandes batailles et les grands traités. La France et l'Europe en 1810. Caractère du gouvernement impérial.

Campagne de Russie. Grandes batailles de 1813 et de 1814.

3° *L'Europe au temps de la Restauration et de Louis-Philippe.*

Première Restauration. Waterloo. Traités de 1815. La Sainte-Alliance.

Deuxième Restauration : Louis XVIII et Charles X. La Charte. Les grands orateurs parlementaires. Indépendance de la Grèce.

La Révolution de 1830. Louis-Philippe. Principaux ministres et orateurs parlementaires.

Indépendance de la Belgique. Question d'Orient.

Conquête de l'Algérie.

Quelques grands écrivains et artistes depuis la fin du xviii° siècle : Gœthe, Schiller, Byron, Chateaubriand, Lamartine, Victor Hugo, Michelet, Beethoven, David, Ingres, Delacroix.

Les grandes inventions scientifiques et leurs applications.

4° *La France contemporaine.*

Révolution de 1848. Le 2 Décembre.

Le second Empire. Grandes batailles des guerres de Crimée et d'Italie.

Guerre de 1870-1871 : les grandes batailles, la défense nationale. Traité de Francfort.

La troisième République. Constitution de 1875.

3° *Les grandes puissances européennes depuis 1815.*

La Russie : ses progrès en Europe et en Asie ; émancipation des serfs.

La Turquie : ses démembrements ; le traité de Berlin.

L'Angleterre : grands hommes d'État du XIXe siècle ; l'Empire britannique.

La formation de l'Empire d'Allemagne. L'Autriche-Hongrie ; le dualisme. Établissement du royaume d'Italie.

Les États-Unis : abolition de l'esclavage ; l'impérialisme américain.

Vue générale sur l'histoire de l'Europe depuis le milieu du XVe siècle, en insistant sur le rôle de la France.

GÉOGRAPHIE

(1 heure par semaine.)

Géographie de la France et de ses colonies.

PREMIER TRIMESTRE

Généralités. — Frontières, situation, forme, superficie.

Formation géologique et relief du sol. — Chaînes, massifs, plaines.

Le climat, les vents et les pluies.

Hydrographie. — Les fleuves et leurs principaux affluents.

Les mers et les côtes.

Les aptitudes végétales et les richesses minérales.

La population de la France.

DEUXIÈME TRIMESTRE

Les grandes régions naturelles (1). — Traits caractéristiques du sol et du relief, du climat, du régime des eaux, des productions et de la vie économique. Population et villes.

La vie économique de la France. — Agriculture ; mines et industrie ; grands centres de production et de commerce. Voies principales de communication. Les grands ports.

TROISIÈME TRIMESTRE

Algérie et Tunisie. — Les régions naturelles ; climat ; hydrographie ; productions principales et industrie ; voies de communication. — Population et villes. La colonie d'Algérie. Le protectorat tunisien.

Colonies d'Afrique. — Situation, climat, productions, population. Madagascar.

Colonies d'Asie. — Les villes de l'Inde. L'Indo-Chine française : climat, productions, villes et voies de communication.

Colonies du Pacifique. — La Nouvelle-Calédonie.

Colonies d'Amérique.

MATHÉMATIQUES

(2 heures par semaine.)

ALGÈBRE

Notions très sommaires sur le calcul algébrique.

---

(1) Pour fixer plus nettement les idées des élèves, le professeur fera bien d'étudier avec plus de détails une ou deux régions à son choix, telles que la Bretagne, le Massif central, la plaine d'Aquitaine. Il serait à souhaiter que la région où se trouve l'établissement scolaire fût choisie pour cette étude.

Résolution des équations numériques du premier degré.

(On fera de nombreux exercices de calcul et des applications au système métrique.)

GÉOMÉTRIE PLANE

Des angles.

Triangles. Triangle isocèle. Triangle équilatéral. Cas d'égalité des triangles.

Perpendiculaires et obliques. Cas d'égalité des triangles rectangles.

Droites parallèles. Somme des angles d'un triangle et d'un polygone.

Du parallélogramme. Rectangle. Losange. Carré.

Cercle. Arcs et cordes. Tangente au cercle.

Mesure des angles.

Problèmes de construction.

Polygones réguliers ; hexagone, carré.

Longueur de la circonférence (règle pratique).

Mesure des aires. Rectangle. Parallélogramme. Triangle. Trapèze.

Polygones. Cercle.

Relation entre les aires des carrés construits sur les trois côtés d'un triangle rectangle.

PHYSIQUE ET CHIMIE

(2 heures par semaine.)

1° PHYSIQUE.

Le cours de physique sera fait à un point de vue purement expérimental ; les lois se dégageront des phénomènes étudiés et conduiront aux principes qui dominent la science.

Sur chaque sujet on s'attachera à faire connaître les acquisitions récentes dans le domaine des idées comme dans celui des faits. En un mot, on suivra la science jusqu'à nos jours ; et pour ce faire on se dégagera franchement des vieilleries encombrantes, on laissera de côté les appareils qui n'ont qu'un intérêt historique, les méthodes surannées, tout ce qui dans le progrès incessant des choses est devenu hors d'usage.

On se gardera soigneusement contre l'abondance des faits. Quelques phénomènes bien choisis, étudiés avec soin, à l'aide des meilleures méthodes, permettront le mieux de donner aux élèves des notions intéressantes et sûres.

Pesanteur. — Chute des corps (étude expérimentale).

Poids des corps. — Balances. — Poids spécifiques.

Équilibre des liquides. — Surface libre d'un liquide en repos. — Pressions sur le fond et sur les parois des vases (étude expérimentale).

Vases communicants. — Applications.

Transmission des pressions. — Presse hydraulique.

Principe d'Archimède. — Corps flottants. — Aréomètres à poids constant.

Équilibre des gaz. — Pression atmosphérique. — Baromètres.

Loi de Mariotte. — Manomètres.

Machine pneumatique. — Pompes. — Siphon.

Aérostats.

Revision. — On donnera à l'occasion de la revision les notions élémentaires de mécanique indispensables à l'intelligence des phénomènes.

Chaleur. — Dilatation des solides, des liquides et des gaz par la chaleur. — Thermomètre. — Température.

Maximum de densité de l'eau.

Définition de la chaleur spécifique d'un corps.

Changements d'état des corps. — Fusion. — Solidification. — Définition de la chaleur de fusion.

Vaporisation. — Pression de la vapeur. — Vapeurs saturantes et non saturantes. — Définition de la chaleur de vaporisation.

Évaporation. — Ébullition. — Distillation. — Froid

produit par l'évaporation. — Mélanges réfrigérants.
État hygrométrique de l'air.
Propagation de la chaleur par rayonnement et par
   conductibilité.
Revision.

2° CHIMIE.

Eau. — Oxygène et hydrogène.
Air. — Oxygène et azote. — Combustion.
Charbon. — Gaz carbonique. — Oxyde de carbone.
Revision.

ÉCONOMIE DOMESTIQUE ET HYGIÈNE

(Douze conférences d'une heure) (¹).

ÉCONOMIE DOMESTIQUE

Du rôle de la femme dans l'administration de la maison.
Nécessité de l'ordre, de la prévoyance, de l'économie.
Entretien du mobilier, des étoffes, du linge. — Raccommodage. — Machines à coudre. — Lessive et
   repassage.
Principes généraux applicables à la préparation et à la
   conservation des aliments et des boissons.

---

(1) Il doit être entendu que des douze heures de conférences
prévues pour cet enseignement il ne sera rien distrait ni pour
compositions, ni en raison de congés, ni par suite d'autres cir-
constances quelconques.

Les douze conférences d'une heure comprennent tout à la fois
l'enseignement de l'hygiène et de l'économie domestique ; deux
ou trois au plus suffiront pour l'économie domestique, les autres
seront affectées à l'hygiène.

L'exposé des questions d'hygiène devra être à la fois élémentaire et succinct comme il convient pour un auditoire dépourvu
de toute préparation scientifique.

(Instructions du 2 novembre 1907.)

Comptabilité du ménage. — Budget des recettes et des dépenses. — Dépenses nécessaires : des achats en général. — Dépenses inutiles. — Livres à tenir. — Épargne: assurances sur la vie, etc.

HYGIÈNE

Introduction : Importance de l'hygiène en général.

Hygiène individuelle.

HYGIÈNE ALIMENTAIRE

Ce qu'on doit et ce qu'on peut manger.
Aliments. — Aliments : partiels, complets. — Dangers d'une alimentation trop azotée. — Nécessité d'un régime mixte.
Viandes : parasites de la viande.
Poissons.
Mollusques : empoisonnements et soins immédiats.
Lait : falsification. — Stérilisation. — Conservation.
Œufs.
Beurres : falsifications.
Farines : leurs altérations ; pains.
Légumes.
Champignons et plantes vénéneuses : Empoisonnements et soins immédiats.
Fruits : fruits verts.
Conserves : Préparation : leurs dangers.
Boissons : Eau. — Eau contaminée, parasites introduits par l'eau. — Filtrage et ébullition. — Glace à rafraîchir.
Café, thé, chocolat.
Vin, cidre, bière. — Falsifications.
Boissons distillées : Action de l'alcool sur la digestion.

HYGIÈNE DU VÊTEMENT

Les vêtements selon les saisons et les climats. — Propreté. — Dangers de certaines couleurs. — Vêtements de dessous. — Corsets. — Vêtements de dessus. — Chaussures. — Coiffures.
Le lit et les vêtements de nuit.

HYGIÈNE DE L'HABITATION

Construction. — Exposition. — Aération. — Lumière.
Logements insalubres.
Chauffage et éclairage.
Évacuation des déchets.
Propreté et entretien : rideaux et tapis.
Parasites de la maison.
Aménagement d'une chambre de malade.

LA LUMIÈRE

Destruction des microbes par la lumière.
Étiolement par privation de lumière.

COUTURE

(2 heures par semaine au minimum.)

Festons de différentes sortes.
Couture : reprises perdues ; — petits plis ; — pose de garnitures ; — points de fantaisie pour lingerie fine (point d'épine, point russe, etc.).
Coupe et assemblage. (Même programme qu'en deuxième année) (1).
Coupe, assemblage, essayage et rectification des objets

---

(1) Voir ce programme page 65.

de lingerie : — chemises de femmes et d'enfants, camisoles, pantalons, brassières, bavettes, maillots ; — chemises de nuit à empiècement.

Maniement de la machine à coudre. — Emploi des différents guides.

DESSIN

(2 heures par semaine.)

Voir, page 65, le programme commun à la 2e et à la 3e années.

GYMNASTIQUE

(1 heure et demie par semaine au minimum.)

Voir, page 126, les exercices prévus par le manuel de gymnastique du ministère de l'instruction publique.

DEUXIÈME PÉRIODE

(Durée : Deux ans)

QUATRIÈME ANNÉE

(AGE : 15 ANS)

I. — COURS OBLIGATOIRES

MORALE

(1 heure par semaine.)

Morale théorique et notions historiques.

I

La conscience morale et l'idée du devoir.

Part à faire au sentiment, à l'intérêt et au désir du bonheur dans la vie morale. — La vertu.

La responsabilité morale. — Les sanctions morales.

L'idée du droit. — La personne humaine et ses principaux droits.

II

Les grandes idées morales et les grands moralistes : lecture et commentaire de passages choisis de leurs ouvrages :

Moralistes anciens.

Socrate : les lois non écrites, la famille, le travail, la Providence.

Platon : le sentiment de l'idéal, la justice, le châtiment.

Aristote : la vertu et le bonheur, les vertus pratiques,
l'éducation.

Les Stoïciens : Épictète, Marc-Aurèle : le devoir, la
liberté, la force d'âme, l'amour des hommes.

Moralistes modernes.

Montaigne, Descartes, Pascal, Bossuet, Nicole : pages
choisies.

La philosophie morale au XVIIIe siècle : le droit ; la
justice ; la tolérance.

Kant : le devoir absolu ; le respect ; la personne morale ;
le mensonge ; les croyances nécessaires impliquées
par la vie morale.

La philosophie morale au XIXe siècle : l'humanité ; la
solidarité.

LANGUE ET LITTÉRATURE FRANÇAISES

(3 heures par semaine.)

I. — *Étude des textes.*

Lectures et explications de textes.
Récitation de textes précédemment expliqués.

II. — *Étude de la langue.*

Notions générales sur l'histoire de la langue française ;
formation des mots. — Traduction orale de quelques
textes français du moyen âge et du XVIe siècle.

III. — *Étude historique de la littérature.*

Cette étude portera sur la période qui s'étend des origines jusqu'à la fin du xviie siècle. Elle devra se faire essentiellement à l'aide de textes choisis et disposés dans l'ordre chronologique.

IV. — *Exercices de composition.*

Compositions écrites : narrations, lettres, discours, etc.

V. — *Liste d'auteurs.*

Chrestomathie du moyen âge.
Chefs-d'œuvre poétiques de Marot, Ronsard, du Bellay, d'Aubigné.
Extraits des prosateurs du xvie siècle.
Corneille. — Théâtre choisi.
Racine. — Théâtre choisi.
Molière. — Théâtre choisi.
La Fontaine. — *Fables.*
Boileau. — *Choix de satires et d'épîtres, Art poétique, Extraits des œuvres en prose.*
Bossuet. — *Oraisons funèbres.*
Fénelon. — *Éducation des filles.*
Mme de Sévigné. — Choix de lettres.
Saint-Simon. — Extraits (*Mémoires* et *Parallèle des trois rois Bourbons*).
Michelet. — Anthologie.
Choix des poètes lyriques français du xixe siècle.

ÉTUDE DES LITTÉRATURES GRECQUE ET LATINE

(1 heure par semaine.)

Cette étude se fera essentiellement à l'aide de textes choisis et disposés dans l'ordre chronologique. Il a

paru nécessaire de dresser la liste des noms ou des
œuvres auxquels elle devra se borner.

I. — Littérature grecque.

L'Épopée homérique. — L'*Iliade*, l'*Odyssée*. — Hésio le.
La Poésie lyrique (ïambe, élégie, ode). — Solon, Pindare.
La Tragédie attique. — Eschyle, Sophocle, Euripide.
La Comédie attique. — Aristophane, Ménandre.
L'Histoire. — Hérodote, Thucydide, Xénophon, Polybe. —
L'Éloquence. — Démosthène.
La Philosophie. — Socrate, Platon (l'*Apologie*, le
  Criton, le *Phédon*), Aristote.
Théocrite.
Plutarque.
Lucien.

II. — Littérature latine.

1° Période républicaine.

a) La Comédie. — Plaute, Térence.
b) Lucrèce.
c) Cicéron.
d) L'Histoire. — César, Salluste.

2° Période impériale.

a) La Poésie. — Horace, Virgile, Lucain.
b) L'Histoire. — Tite Live, Tacite.
c) La Philosophie. — Sénèque.
d) Pline le Jeune.
e) La littérature chrétienne.

LANGUES VIVANTES

(3 heures par semaine.)

Révision et continuation des exercices de syntaxe.
Idiotismes.
Thèmes, versions, compositions.
Prosodie : récitation scandée.
Exposés oraux et conversations sur des sujets histori-
ques et littéraires.
Lecture et commentaire.
Les grandes époques de la littérature du pays dont on
étudie la langue.
En Allemagne : le moyen âge, épopée populaire et
chevaleresque ; la Réforme et Luther ; le XVIIe siècle
et l'influence française.
En Angleterre : l'âge de Chaucer : les contes de Canter-
bury ; l'âge d'Élisabeth : Spencer, Shakespeare, le
Puritanisme ; Bunyan, Milton.

Auteurs anglais.

Shakespeare. — *Julius Caesar.*
Addison. — *Sir Roger de Coverley* (extraits).
Byron. — *Prisoner of Chillon.*
W. Scott.— *Ivanhoe, Quentin Durward* (édition abrégée).
Ruskin. — *Sesame and Lilies.*
Morceaux choisis, prose et vers.

Auteurs allemands.

Lessing. — *Nathan der Weise.*
Schiller. — *Maria Stuart.*
Gœthe. — *Hermann und Dorothea.*

Gœthe et Schiller. — Poésies lyriques.
Uhland. — Poésies lyriques.
Heine. — Extraits.
Morceaux choisis, prose et vers.

HISTOIRE (¹)

(2 heures par semaine.)

Histoire sommaire de la Civilisation.

PREMIER TRIMESTRE

Aperçu sur les temps préhistoriques.
Grandes divisions de l'histoire : histoire ancienne, histoire du moyen âge, histoire moderne.

Civilisation ancienne de l'Orient.

Sources d'informations pour l'histoire des civilisations
antiques: les langues, les monuments.
Égyptiens: Memphis et Thèbes. La religion ; les arts.
Les découvertes de Champollion et de ses successeurs.
Assyriens, Babyloniens : Babylone et Ninive d'après
les découvertes modernes.
L'empire perse : Persépolis, Suse.
Les Phéniciens : leur commerce. L'alphabet. Tyr et
Carthage.
Les Hébreux : Jérusalem, le Temple.

Civilisation grecque.

Grandes divisions de l'histoire de la Grèce. Le monde
grec.
La civilisation grecque d'après les poèmes d'Homère.

---

(1) Voir page 24 la note qui précède le programme de la
Première année.

Éléments de la mythologie. Les oracles, les grands jeux. La cité grecque.

Les guerres médiques : Athènes et Sparte.

Le siècle de Périclès : les arts à Athènes. L'Acropole. Caractères de l'art grec. Le théâtre, grands historiens, orateurs, philosophes.

[DEUXIÈME TRIMESTRE

Alexandre. Diffusion de la civilisation grecque en Orient. Alexandrie. Conquête de la Grèce par les Romains. Diffusion de la civilisation grecque en Occident.

Ce que le monde moderne doit à la Grèce.

Civilisation romaine.

Grandes divisions de l'histoire romaine.

Rome : la famille, la cité. Patriciens et plébéiens. Esclaves. Le Sénat, les consuls, les tribuns.

Caractères et résultats généraux des guerres de conquêtes.

Transformation des mœurs à Rome sous l'influence de la Grèce.

L'Empire. Époque d'Auguste et des Antonins. Étendue de l'empire au IIe siècle de l'ère chrétienne.

La littérature romaine. Idées morales et philosophiques.

La ville de Rome ; principaux monuments. Pompéi. La vie romaine, la maison, le costume, les spectacles.

Constantin. Constantinople.

Le christianisme. Les catacombes. Les pères de l'Église. Organisation de l'Église : les évêques et les conciles.

Le Moyen âge.

Transformations de la Gaule par la conquête romaine, par le christianisme, par l'invasion barbare. Extension du christianisme en Europe.

TROISIÈME SEMESTRE

Mahomet : fondation de l'islamisme; la civilisation arabe.

L'empire romain d'Orient : Justinien ; l'art byzantin.

Charlemagne et la civilisation carolingienne.

Le régime féodal en France : nobles, roturiers, serfs.

Le Saint-Empire. La papauté. Les ordres monastiques. La chevalerie.

Civilisations orientale et occidentale comparées à la fin du xıᵉ siècle. Principaux résultats des croisades.

Premiers progrès de la royauté et des classes populaires en France.

Les communes et les villes en France et en Europe.

Prépondérance intellectuelle de la France au xɪɪɪᵉ siècle. L'Université de Paris. La poésie. L'art roman et l'art gothique.

La vie dans les châteaux, dans les villes. Le costume.

L'industrie, le commerce, les foires. Premiers voyages : Marco Polo. La boussole.

Les États généraux en France. Le Parlement en Angleterre.

GÉOGRAPHIE

(1 heure par semaine.)

GÉOGRAPHIE GÉNÉRALE

PREMIER TRIMESTRE

Géographie physique.

État actuel de nos connaissances géographiques. — Se

borner à indiquer les régions encore mal connues.

La Terre dans l'Univers. — La Terre dans le système solaire. Mouvements de la Terre.

Le globe terrestre dans son état actuel. — Ses dimensions. Sa structure. Répartition des terres et des mers.

L'élément solide. — Coup d'œil sur les époques géologiques. L'écorce terrestre : sa composition ; terrains éruptifs et sédimentaires. Le relief : formation ; importance.

L'élément liquide. — Les océans. L'eau de mer. Les mouvements des mers, vagues, marées, courants. Le fond des mers ; la vie dans les mers.

L'élément gazeux. — L'atmosphère. La température : influences qui la déterminent. Les mouvements de l'atmosphère : vents réguliers, périodiques ; action des vents. Les pluies : formation ; répartition. Classification des climats.

DEUXIÈME TRIMESTRE

Géographie physique (SUITE).

Les eaux courantes. — Neiges et glaciers. Les eaux d'infiltration et les sources. Les eaux de ruissellement et les fleuves. Caractères principaux et utilité des cours d'eau.

Les côtes. — Côtes rocheuses, côtes sablonneuses, côtes alluviales.

Les flores et les faunes. — Répartition des plantes et des animaux. Principales zones de végétation.

Les modifications actuelles de la Terre. — Les actions internes : dislocations du sol ; tremblements de terre ; volcans. Les actions externes : actions de

l'atmosphère, des eaux courantes et souterraines, de
la mer.

Géographie humaine.

La population actuelle du globe. — Nombre des
hommes ; natalité et mortalité ; répartition ; principaux centres de peuplement ; points de groupements
des populations. Races, langues et religions ; leur
distribution. Pays civilisés et pays encore sauvages.

L'homme et la nature. — Influence de la nature sur
l'homme. Action de l'homme sur la nature. Déplacement des centres de peuplement et d'activité.

TROISIÈME TRIMESTRE

Grands traits de la géographie économique
du globe.

Les produits alimentaires. — Le froment ; le riz ; la
pomme de terre ; la vigne ; la betterave et la canne ;
le café ; le thé : conditions de la culture ; principaux
pays producteurs et consommateurs.

Les textiles. — Le lin et le chanvre ; le coton ; la laine ;
la soie : pays producteurs et pays manufacturiers.

Les combustibles. — La houille ; le pétrole.

Les minéraux précieux et les minéraux utiles. — L'or et
l'argent. Le fer, le cuivre, le plomb.

Le monde économique actuel. — Moyens et instruments
de transport. Les grandes voies ferrées transconti-
nentales ; les grandes lignes de navigation. Les principaux ports et les principaux pays industriels et
commerçants.

MATHÉMATIQUES

PROGRAMME A
(1 heure par semaine pendant un semestre.)

GÉOMÉTRIE

Exercices sur le programme de troisième année.

Lignes proportionnelles. Définition des lignes trigonométriques d'un angle. Triangles rectangles. Triangles et polygones semblables.

Notions très élémentaires et expérimentales sur la géométrie dans l'espace. (Plan. Angles dièdres. Polyèdres. Sphère.)

(Cet enseignement utile pour la préparation aux cours de physique et de cosmographie sera donné autant que possible dans le premier semestre.)

PROGRAMME B
(3 heures pendant un semestre et 2 heures pendant l'autre.)

GÉOMÉTRIE

Exercices sur le programme de troisième année.

Lignes proportionnelles. Définition des lignes trigonométriques d'un angle. Triangles rectangles. Propriétés de la bissectrice. Homothétie.

Figures semblables. Théorème des sécantes menées d'un point à un cercle. Polygones réguliers.

Rapport des aires de deux polygones semblables.

Notions très élémentaires et expérimentales sur la géométrie dans l'espace. (Plan. Angles dièdres. Polyèdres. Sphère.)

ALGÈBRE

Exercices sur le programme de troisième année.
Équation du premier degré.

Variations de $ax + b$ et de $\dfrac{ax + b}{a'x + b'}$. Représentation
graphique.
Équation du second degré.
Variation du trinome.

PHYSIQUE ET CHIMIE

(1 heure et demie par semaine.)

1° PHYSIQUE.

Acoustique. — Le son : mouvement vibratoire. — Propagation du son. — Vitesse.
Réflexion du son. — Écho.
Qualités du son. — Mesure de la hauteur d'un son. — Intervalles musicaux. — Gamme.
Notions expérimentales sur les cordes vibrantes et les tuyaux sonores.
Revision.
Optique. — Propagation de la lumière. — Ombre. — Pénombre.
Phénomène de la chambre noire.
Réflexion de la lumière. — Miroirs plans. — Miroirs sphériques.
Réfraction de la lumière. — Réflexion totale. — Prisme.
Notions expérimentales sur les lentilles. — Loupe. — Principe du microscope et de la lunette astronomique.
Décomposition et recomposition de la lumière blanche. — Spectre solaire.

Indications très sommaires sur la photographie.
Revision.

2° CHIMIE.

Revision du cours de troisième année.
Lois des combinaisons chimiques. — Nomenclature.
Acide azotique. — Gaz ammoniac.
Soufre. — Gaz sulfureux. — Acide sulfurique. — Acide sulfhydrique — Phosphore.
Chlore. — Acide chlorhydrique.
Les trois carbures d'hydrogène fondamentaux. — Gaz d'éclairage.

ANATOMIE ET PHYSIOLOGIE ANIMALES ET VÉGÉTALES. HYGIÈNE
(1 heure par semaine.)

I. — ANATOMIE ET PHYSIOLOGIE ANIMALES ET HYGIÈNE (¹)

Les détails anatomiques ne seront donnés que dans la mesure où ils devront servir à l'intelligence de la physiologie. Les explications seront données avec des objets placés sous les yeux des élèves, à l'aide de planches murales et de dessins faits au tableau noir.

Différences entre les êtres vivants et les corps bruts ; animaux et végétaux.
Principaux tissus et appareils.

FONCTIONS DE NUTRITION.

Aliments : azotés, féculents, sucrés, gras et aliments minéraux.

---

(1) Nous donnons le programme complet tel qu'il a été fixé par l'arrêté du 27 juillet 1897. Depuis, il a été publié un programme spécial pour l'hygiène (V. p. 97). Il annule nécessairement les parties du présent programme qui concernent l'hygiène (*Note de l'éditeur*).

Digestion : Appareils mécaniques et chimiques : dents,
muscles, glandes. Action des sucs digestifs sur les
aliments.

Valeur nutritive des divers aliments. — Aliments complets. — Ration alimentaire : alimentation de l'enfant, de l'adulte.

Accidents produits par les aliments : empoisonnement
par les sels métalliques, par les aliments avariés.

Boissons. — Eau. — Boissons fermentées. — Boissons
alcooliques pures ou additionnées d'essences. Alcoolisme ([1]).

Absorption : Rôle des vaisseaux chylifères et des vaisseaux sanguins.

Circulation : Sang, coagulation. — Cœur, artères,
veines. — Mécanisme de la circulation, pouls.

Respiration : Poumons, cage thoracique. — Mécanisme
de la respiration. — Échanges gazeux. — Danger de
la compression des organes. — Empoisonnement par
l'oxyde de carbone, par les parfums. — Asphyxie.
— Ventilation.

Air ; impuretés de l'air. — Climats, paludisme.

Réserves nutritives. — Fonctions du foie. — Nutrition

---

(1) A propos des boissons, le professeur insistera sur les dangers de l'alcoolisme en développant le programme suivant :

Préparation et conservation des boissons. — Eau potable. —
Eaux impures et malsaines. — Moyen pratique de conserver et
de purifier les eaux.

Boissons alcooliques : Boissons fermentées, cidre, bière, vin. —
Action physiologique des boissons fermentées. — Effets nuisibles
de leur abus.

Boissons distillées : Eaux-de-vie. — Effets nuisibles de leur
usage habituel.

Boissons alcooliques additionnées d'essences : Absinthe et autres
liqueurs prétendues apéritives et digestives. — Graves dangers
de leur usage.

L'ivresse et l'alcoolisme : Influence de l'alcoolisme des parents sur
la santé des enfants.

des tissus : combustions organiques, chaleur animale.
Élimination des déchets de l'organisme : Foie, rein, peau.

Protection contre le froid et la chaleur. — Vêtements. — Entretien de la peau. — Bains.

II. — ANATOMIE ET PHYSIOLOGIE VÉGÉTALES

Caractères généraux des végétaux.

Principaux tissus.

ÉTUDE DE LA NUTRITION.

Racine : Structure, fonctions, applications : bouturage, marcottage.

Tige : Types principaux. — Structure. — Fonctions. — Sève ascendante. — Croissance de la tige en longueur et épaisseur.

Feuille : Types principaux. — Structure. — Fonctions. — Rôle de la chlorophylle. — Assimilation des éléments constitutifs de la plante puisés dans l'air ou dans le sol.

Réserves nutritives. — Digestion.

III. — HYGIÈNE (¹)

Hygiène individuelle (*Suite*).

HYGIÈNE DE LA DIGESTION

Hygiène de la bouche et des dents. — Nécessité d'une mastication suffisante.

---

(1) L'horaire n'a pas affecté spécialement une heure par semaine à l'hygiène. Cette heure est consacrée à l'enseignement de l'hygiène et à celui des sciences naturelles tout ensemble. Comme l'enseignement de l'hygiène doit rester tout à fait élémentaire, une heure par semaine suffira pour traiter correctement, mais simplement, les questions d'anatomie, de physiologie et d'hygiène. (*Instructions du 2 novembre 1907.*)

Régularité des repas. — Nécessité de s'abstenir de boire ou de manger dans l'intervalle des repas.

Nécessité de la régularité de toutes les fonctions digestives.

Empoisonnements. — Empoisonnements par des substances diverses. — Soins immédiats.

HYGIÈNE DE LA RESPIRATION

L'air. — Sa composition. — Poussières. — Quantité d'air nécessaire.

Asphyxie. — Secours à donner aux asphyxiés (noyés, etc.). Air confiné.

Empoisonnements par les gaz délétères; premiers soins.

Maladies provoquées par les microorganismes (énoncé seulement).

HYGIÈNE DU NEZ ET DE LA GORGE

Influence de la pression. — Altitude.

Liberté des mouvements respiratoires.

HYGIÈNE DE LA CIRCULATION

Compression : ses dangers. — Syncopes : soins immédiats.

Paludisme; moyens de préservation individuels.

HYGIÈNE DE LA PEAU

Rôle de la peau. — Frictions, massages, bains, tub.

Bains chauds et froids. — Accidents, soins immédiats. — Douches.

Évaporation à la surface de la peau. — Courants d'air.

— Décolletage. — Congestions pulmonaires. — Dangers des poudres et fards.

Cheveux et cuir chevelu. — Lavage. Danger des teintures.

Parasites de la peau.

Piqûres, coupures, brûlures. — Pansements antiseptiques.

L'ALCOOL AU POINT DE VUE INDIVIDUEL

Suivre l'alcool dans son trajet et montrer les dégâts sur les organes traversés.

Comment on devient alcoolique.

II. — COURS FACULTATIFS

LANGUE VIVANTE COMPLÉMENTAIRE

(2 heures par semaine.)

Étude du vocabulaire à l'aide de lectures et de conversations progressives. S'appuyer sur la connaissance de la langue apprise antérieurement.

Familles de mots. — Formation des mots. (Insister sur l'analogie des radicaux et des lois de dérivation dans les deux langues.)

Exercices gradués, oraux et écrits.

Prononciation et accentuation, lois de prosodie qui s'y rattachent.

Récitation scandée et rythmée.

Auteurs anglais (¹).

Lamb. — *Tales from Shakespeare.*

---

(1) Le professeur pourra choisir des auteurs dans les listes des années précédentes.

Longfellow. — *Evangeline*.
Macaulay. — Extraits.
Morceaux choisis, prose et vers.

Auteurs allemands ([1]).

Lessing. — *Fabeln*.
Gœthe. — Poésies lyriques.
Heine. — Extraits.
Morceaux choisis, prose et vers.

COUTURE

(*2 heures par semaine au minimum.*)

[Programme commun à la 4e et à la 5e années.]

Ourlets à jour. — Festons divers. — Broderie au plumetis (lettres anglaises et lettres gothiques).
Coupe et assemblage : théorie et tracé du corsage à basque et de la robe à corsage rond.
(Les élèves seront exercées à dessiner au tableau noir et sur le papier.)
Coupe, assemblage, essayage et rectification.
Couture de la robe entière, essayage définitif.
Matinée. — Robes d'enfants, robe princesse.
Tabliers formes diverses ; pantalon et blouse de petit garçon.
Maniement de la machine à coudre ; — soins à prendre pour son entretien.

([1]) Le professeur pourra choisir des auteurs dans les listes des années précédentes.

DESSIN (¹)

(2 heures par semaine au minimum.)

[Programme commun à la 4ᵉ et à la 5ᵉ années.]

I. — DESSIN D'APRÈS NATURE.

a) **Motifs pittoresques. Essais de paysage.**

En classe, dans la famille, au dehors. — Études d'ensemble, avec observation des valeurs et des décorations·

b) **Flore et Faune naturelles.**

En classe et hors la classe. — Étude détaillée de la plante complète. — Port de la plante : attaches de tiges, disposition du feuillage sur la tige, bourgeons et boutons aux différents degrés de développement. — Analyse de formes florales : calice, corolle, étamines, pistil. — Étude de formes organiques à la loupe et d'après le microscope. — Étude de formes animales en mouvement.

c) **Croquis de figures au crayon ou au pinceau.**

En classe et hors la classe. — Suite des exercices des trois premières années secondaires, avec indication des détails de la tête et des extrémités.

II. — COMPOSITION DÉCORATIVE ET APPLICATIONS. — MODELAGE.

En classe. — **Exercices appliqués à la décoration intérieure et à la parure.** — Étude d'ensembles décoratifs comprenant pour une même pièce (salle

---

(1) Voir, page 21, les instructions qui précèdent le programme de la classe enfantine.

à manger, petit salon, etc.) l'ornementation des surfaces murales, des rideaux, stores, tapis de table, bandeau de cheminée, lanterne, panetière, coffre à bois, services de table, etc. — Dans l'exécution, allier le travail du crayon, du pinceau, à celui de l'aiguille ou d'autres outils, avec emploi possible de matériaux formant relief : bourrages, sertis gansés, etc. — Aux précédents exercices pourront être joints des travaux de caractère artistique : terre, cire, bois, cuir, corne, métal souple, etc., traités dans le même esprit. — Application à la composition, en fleurs naturelles ou autres, de bouquets, guirlandes, gerbes et garnitures de corbeille.

Étude de la couleur. — Compléments. — Exercices d'observation sur les apparences variées que prend une même couleur sous l'influence de la lumière, suivant la quantité, la qualité, la direction de la lumière reçue.

Étude des couleurs complémentaires et des contrastes.

Étude des tons et des nuances d'une même couleur. Les tons neutres.

Harmonie des colorations.

III. — EXERCICES LIBRES OU DIRIGÉS DE DESSIN DE MÉMOIRE.

En classe et hors la classe. — Croquis divers de mémoire.

IV. — EXERCICES LIBRES. — ILLUSTRATIONS DES DEVOIRS ET CAHIERS DE COURS.

En classe et hors la classe. — Mêmes exercices qu'en 2e et 3e années secondaires correspondant au Programme d'études générales.

V. — COMPLÉMENTS D'ÉDUCATION ESTHÉTIQUE.

Notions sur l'histoire de l'art : Grandes époques de l'architecture, de la peinture, de la sculpture, études comparées à l'aide des modèles en plâtre, photographies, gravures, cartes postales, etc., et en rapport avec les cours d'histoire de quatrième et cinquième années.

En classe. — Croquis correspondants d'après le relief et d'après les reproductions de dessins de maîtres.

GYMNASTIQUE

(1 heure et demie par semaine au minimum.)

Voir, page 126, les exercices prévus par le Manuel de gymnastique du Ministère de l'Instruction publique.

CINQUIÈME ANNÉE

(Age : 16 ans.)

I. — COURS OBLIGATOIRES

PSYCHOLOGIE APPLIQUÉE
A LA MORALE ET A L'ÉDUCATION

(2 heures par semaine.)

Ce cours n'a pas pour objet la psychologie proprement scientifique, ni la psychologie rationnelle ou métaphysique, mais la psychologie considérée comme étude de la vie de l'âme en vue de la morale et de l'éducation.

I. *La conscience :* La conscience et la réflexion. Part à faire à la spontanéité et à la réflexion dans la vie normale ; abus possible de la réflexion et de l'analyse psychologique.

II. *Différents aspects de la vie de l'âme :* le cœur, le caractère proprement dit et l'esprit, correspondant aux facultés élémentaires de l'âme : la sensibilité, la volonté et l'intelligence.

Rapports du cœur et du caractère ; du cœur et de l'esprit ; du caractère et de l'esprit.

III. *Le cœur :* les inclinations, les passions et les émotions.

1° Les inclinations personnelles. — Les besoins, besoin d'émotion, besoin de mouvement, curiosité. — L'amour de soi et l'égoïsme. — L'orgueil et la vanité. — La coquetterie. — L'ambition. — La cupidité.

2° Les inclinations sympathiques : la sympathie comme principe des inclinations qui nous attachent à autrui. — L'amitié. — Les affections de famille. — Le patriotisme. — La charité.

3° Les inclinations supérieures : le sentiment du vrai ; culture de ce sentiment. — Le sentiment du beau ; culture de ce sentiment ; dangers à éviter dans cette culture. — Le sentiment moral. — Le sentiment religieux.

NOTA. — Marquer les caractères et décrire les effets de ces différentes inclinations à l'aide d'exemples biographiques.

4° Développement des inclinations : les inclinations composées (exemple : le patriotisme). — L'imitation et la contagion morales. — Diversité des natures individuelles.

5° Les passions. Les inclinations sont naturellement immodérées et inharmoniques. — Naissance et développement d'une passion ; ruines qu'elle laisse dans l'âme. — Comment on peut prévenir par la surveillance de soi-même le développement d'une passion à laquelle on est enclin.

6° Les émotions : le plaisir et la douleur ; la joie et la tristesse. — Le plaisir modéré anime l'activité ; le plaisir trop vif ou trop répété l'énerve et l'amollit. La douleur modérée réveille et aiguillonne l'activité, la douleur trop vive la paralyse ; dangers d'une vive sensibilité. — Le bonheur ; dans quelle mesure il dépend de nous.

IV. *Le caractère.*

1° Le caractère, au sens large du mot : la physionomie morale de chaque personne. — Différents caractères : les intellectuels, les sensitifs, les volontaires. Les caractères équilibrés.

2° Le caractère au sens étroit du mot : degré variable de l'énergie et de la volonté. — Formation de la volonté. — La perfection de la volonté, comme possession de soi-même et liberté morale. — L'éducation de soi-même et la réforme de son naturel.

3° L'habitude. — Formation et puissance de l'habitude. — Ses effets sur les inclinations, sur les émotions, sur la volonté. — Toute l'éducation consiste-t-elle, comme on l'a dit quelquefois, à donner à l'enfant de bonnes habitudes ? Les habitudes et les principes. Les convictions.

V. *L'esprit.*

1° Qualités et défauts de l'esprit. — Esprit géométrique et esprit de finesse. — Esprit positif. Esprit abstrait. — Esprit juste et esprit faux. — Le bon sens.

2° Les sens. — Les sensations et les images. — Art de voir et d'entendre. Dessin et musique.

La mémoire.

Loi d'association : association des idées entre elles ; des idées ou des images avec les sentiments d'une part, avec les mouvements de l'autre.

L'imagination en général et l'imagination créatrice. — Moyen de cultiver et de régler l'imagination. — La fiction et l'idéal.

3° Les facultés intellectuelles proprement dites :

L'abstraction et la généralisation.

Le raisonnement : le raisonnement et la preuve dans les sciences mathématiques. — Le raisonnement et la preuve dans les sciences physiques.

La raison. Vérités premières ou axiomes de la raison : leur rôle dans la distinction du vrai et du faux. — La raison spéculative et la raison pratique. — La raison, lien des esprits. — Foi à la raison, condition d'une éducation libérale.

4° L'éducation de l'esprit. — Passage du concret à l'abstrait, des faits aux idées générales. Bon équilibre de l'esprit. — Moyens de cultiver l'esprit : lectures, conversations, leçons de choses, étude des sciences, réflexion personnelle.

5° L'expression : la parole et l'écriture. — Rapports du langage et de la pensée. — Rapports du style d'un écrivain avec son esprit.

6° L'erreur. Causes de l'erreur. Fausses associations ; préjugés ; influence des passions ; esprit de routine ; esprit de contradiction. — Règles logiques et règles morales pour se préserver de l'erreur.

VI. *Conclusion.*

Action du physique sur le moral et du moral sur le physique. — Indépendance de l'âme dans ses plus

hautes facultés. — Du spiritualisme et du matéria-
lisme : différences qui en résultent pour la concep-
tion de la destinée humaine et pour la conduite de
la vie.

LANGUE ET LITTÉRATURE FRANÇAISES

(2 heures par semaine.)

I. — *Étude des textes.*

Lectures et explications de textes.
Récitation des textes précédemment expliqués.

II. — *Étude historique de la littérature.*

Cette étude portera sur la période qui s'étend de la fin
du xvıı[e] siècle à nos jours. Elle devra se faire essentiellement à l'aide de textes choisis et disposés dans
l'ordre chronologique.

III. — *Exercices de composition.*

Compositions écrites. — Narrations, lettres, discours,
dialogues, portraits, développements de pensées (littérature, morale, histoire, etc.).

IV. — *Liste d'auteurs.*

Corneille. — Théâtre choisi.
Racine. — Théâtre choisi.
Molière. — Théâtre choisi.
Pascal. — Choix de *Pensées.* — Extraits des *Pro-
vinciales.*
Bossuet. — Sermons choisis. — Extraits des œuvres
diverses.

Bourdaloue. — Sermons choisis.

La Bruyère. — *Caractères*.

Fénelon. — *Lettre à l'Académie*.

Choix de lettres du xviie et du xviiie siècles.

Choix des moralistes français des xviie, xviiie et xixe siècles.

Montesquieu. — Extraits de l'*Esprit des lois* et des œuvres diverses.

Buffon. — Extraits (discours et vues générales).

Voltaire. — Extraits des œuvres historiques et des ouvrages en prose.

J.-J. Rousseau. — Extraits.

Lectures sur la Société du xviie et du xviiie siècle, tirées des *Mémoires* et des *Correspondances*.

Chateaubriand. — Extraits.

Choix des principaux historiens du xixe siècle.

Chefs-d'œuvre poétiques de Chénier, Lamartine, Hugo, Musset, de Vigny.

Choix des poètes lyriques du xixe siècle.

Morceaux choisis de prosateurs et de poètes français du xvie au xixe siècle.

LECTURES TIRÉES
DES LITTÉRATURES ÉTRANGÈRES

(1 heure par semaine.)

Ces lectures, disposées dans l'ordre chronologique, seront accompagnées par le professeur des explications historiques nécessaires.

Italie. — Dante. — Machiavel. — Arioste. — Le Tasse.

Espagne. — Poème du Cid et Romanceros. — Cervantès. — Le théâtre espagnol.

Angleterre. — Shakespeare. — Milton. — Swift. —
Addison. — Pope. — Byron. — Wordsworth. — Le
roman contemporain.
Allemagne. — Les *Niebelungen*. — Gœthe. — Schiller.

LANGUES VIVANTES

(3 heures par semaine.)

Expositions orales et compositions écrites sur des
matières variées : sciences, lettres, arts, morale.
Versions et thèmes oraux et écrits.
Comptes rendus de lectures étrangères et notions litté-
raires à propos des auteurs étudiés.
Les classiques du pays dont on étudie la langue.
En Allemagne : Klopstock et Wieland, Herder et Les-
sing, Gœthe et Schiller.
En Angleterre : siècle de la reine Anne, Pope, Addison,
Swift.
Les grands poètes et les grands romanciers en Angle-
terre et en Allemagne au xixe siècle.
Influence de la littérature française en Angleterre et en
Allemagne.

Auteurs anglais.

Shakespeare. — *Midsummer-Night's dream.* — *The
Tempest.*
Milton. — *Paradise lost* (1er chant).
Tennyson. — *Enoch Arden.*
Dickens. — *Christmas Carol.*
Sheridan. — *The rivals* (extraits).
G. Eliot. — *Silas Marner* (extraits).
Morceaux choisis, prose et vers.

Auteurs allemands.

Gœthe. — *Iphigénie auf Tauris.*
Schiller. — *Wallenstein* (extraits).
Heine. — Extraits.
Gœthe. — Autobiographie (extraits).
Feuchtersleben. —*Diatetik der Seele.*
Fulda. — *Der Talisman.*
Morceaux choisis, prose et vers.

HISTOIRE [1]

(2 heures par semaine.)

PREMIER TRIMESTRE

La civilisation européenne moderne.

Le xv⁰ siècle : progrès du pouvoir royal en Europe ; commencement des nationalités modernes ; déclin de l'empire et de la papauté.

Grandes inventions. Découvertes géographiques. Monde connu vers le milieu du xvi⁰ siècle. Les mines d'or. L'esclavage.

Origines de la Renaissance aux xiv⁰ et xv⁰ siècles ; rôle de l'Italie, de la France et des pays du Nord.

La Renaissance au xvi⁰ siècle. L'art italien. Influence de l'Italie sur l'Europe.

La Renaissance en France. Caractères de l'art français.

La Réforme : ses origines et son développement. Réorganisation de l'Église catholique.

Le xvii⁰ siècle : la monarchie absolue.

La société française au xvii⁰ siècle : l'étiquette, les

____

(1) Voir page 45 la note qui précède le programme de la Première année.

cérémonies, les fêtes, le costume. Le rôle des femmes dans la société.

La littérature, les sciences et les arts en Europe et en France au xviie siècle (insister sur l'art français, hollandais, espagnol).

Les États nouveaux du xviiie siècle: la Russie, la Prusse.

Coup d'œil sur la constitution anglaise.

L'expansion coloniale au xviiie siècle.

Fondation des États-Unis.

DEUXIÈME TRIMESTRE

L'ancien régime : les principes du gouvernement et l'organisation de la société.

La littérature et l'art français. Les salons. Les économistes, les philosophes : idées nouvelles. Expansion des idées françaises en Europe. Préliminaires de la Révolution française.

La civilisation contemporaine.

Les principes de 1789 et l'œuvre de la Révolution. Principaux changements apportés dans l'ordre politique, social, économique.

Influence des idées et des principes de la Révolution française sur l'Europe.

Le régime parlementaire en France. Les grandes réformes politiques et économiques en Angleterre.

TROISIÈME TRIMESTRE

Développement des idées démocratiques : le droit de suffrage et son influence sur le gouvernement des principaux pays ; le suffrage universel ; l'instruction populaire.

Abolition de l'esclavage, du servage.

Progrès des sciences et de l'industrie : la vapeur et l'électricité. Le commerce : question du libre échange et de la protection. Les questions sociales.

La littérature et les arts depuis la fin du xviiⁱᵉ siècle.

Grandes questions actuelles de politique internationale.
Les ligues et les alliances en Europe.

La question d'Orient. Le panslavisme. Le monde musulman.

Le partage de l'Afrique.

L'impérialisme américain.

La question d'Extrême-Orient.

GÉOGRAPHIE

(1 heure par semaine.)

Les principales puissances du monde.

Ce programme a pour but de faire bien connaître aux élèves l'état économique actuel des principales puissances du globe, étude qui suppose la connaissance de leurs conditions géographiques.

La géographie physique devra être exposée seulement dans ses traits généraux et dans la mesure où elle est strictement nécessaire à l'explication de la vie économique. Le professeur s'attachera à mettre en lumière le lien qui peut unir les phénomènes physiques aux phénomènes économiques. Il se gardera d'abuser de la statistique et ne citera que les chiffres indispensables à la précision des idées.

PREMIER TRIMESTRE

France. — Géographie physique et économique. L'Empire colonial français (pour la France comme pour les autres puissances, on n'insistera que sur les grandes colonies). La France en Afrique ; l'Algérie et la Tunisie. L'Indo-Chine française.

Les Iles britanniques. — Géographie physique et économique. L'Empire britannique. L'Angleterre en Afrique. L'Inde anglaise. L'Australie et la Nouvelle-Zélande. Le Canada.

DEUXIÈME TRIMESTRE

Allemagne. — Géographie physique et économique. L'émigration. La colonisation allemande. Le commerce allemand dans le monde.

Autriche-Hongrie. — Géographie physique et économique. Les nationalités.

Italie. — Géographie physique et économique. L'émigration italienne.

Empire russe. — Géographie physique et économique. Les dépendances de la Russie en Asie.

TROISIÈME TRIMESTRE

Chine et Japon. — Géographie physique et économique. L'émigration chinoise et l'émigration japonaise.

États-Unis. — Géographie physique et économique. Accroissement de la population. Expansion des États-Unis.

République Argentine et Brésil. — Géographie physique et économique. Développement de la colonisation.

NOTIONS DE DROIT USUEL

(1 heure pendant un semestre.)

Préambule.

Le cours de droit usuel doit avoir un but essentiellement pratique. Le professeur s'interdira les discussions abstraites, les commentaires et les analyses qui ne conviennent qu'à des juristes. Après avoir établi le caractère et l'autorité de la loi, pour en inspirer le respect, il développera surtout les points dont la connaissance peut être plus particulièrement utile à une femme, et qui sont indiqués en *italiques*.

I.

Le pouvoir législatif. Confection et publication des lois.

II. — Notions de Droit civil.

1. *La famille et l'état des personnes.* L'état civil et les actes de l'état civil. *Le mariage. — Conventions matrimoniales* : exposé des divers régimes matrimoniaux. — *La puissance paternelle,* la minorité, *la tutelle* et l'émancipation.

2. *Le régime des biens.* — Diverses classes de biens. — La propriété. — Les modes de transfert de la propriété. Les servitudes, *l'usufruit.*

3. *Les successions, les donations et les testaments.* — Successions *ab intestat.* — Testaments. — Donations entre vifs, *donations entre époux, partage d'ascendants.* — Limites apportées à la liberté de tester ou de donner.

4. *Des obligations.* — Les contrats et la liberté des conventions. — Responsabilité à raison d'actes ou de négligences volontaires et dommageables à autrui. — Notions sur les différents contrats. — Les sûretés réelles et le régime hypothécaire : *l'hypothèque légale des femmes mariées.*

III. — Notions d'Organisation judiciaire.

Juridictions civiles et répressives. Juridictions commerciales. Tribunaux administratifs. — Composition, fonctionnement et compétence des diverses juridictions.

IV. — Notions de Droit commercial.

Les commerçants. — Les sociétés de commerce. — La lettre de change, le billet à ordre et le chèque.

V. — Notions générales sur l'Administration.

Les grands services de l'État : impôts et finances, armée, instruction publique. — Tableau d'ensemble de l'administration départementale et communale.

MATHÉMATIQUES [1]

PROGRAMME A

(1 heure par semaine pendant un semestre.)

COSMOGRAPHIE

Sphère céleste. Mouvement diurne. Jour sidéral.
Déplacement apparent du soleil. Écliptique. Zodiaque.
Équinoxes. Solstices.
Inégalité des jours et des nuits. Saisons. Zones.
Calendrier julien et calendrier grégorien.
Le soleil. Ses dimensions, sa distance à la terre. Constitution physique, rotation, taches.
Système de Copernic. Lois de Képler.
Notions sommaires sur les planètes et les satellites.
La terre. Formes et dimensions. Rotation, pôles, équateur, méridiens, parallèles, longitude, latitude.
La lune. Mouvements. Phases. Constitution physique.
Notions sur les éclipses.
Des comètes. Étoiles filantes. Bolides.
Des étoiles. Nébuleuses. Voie lactée. Étoiles doubles, étoiles variables et temporaires.

---

[1] Programme applicable à partir de 1912-1913.

PROGRAMME B

(3 heures pendant un semestre et 2 heures pendant l'autre.)

COSMOGRAPHIE

Voir programme A.

(L'enseignement de la cosmographie sera donné à toutes les élèves réunies.)

GÉOMÉTRIE DANS L'ESPACE

Du plan. Droites et plans perpendiculaires. Droites et plans parallèles. Angles dièdres. Plans perpendiculaires. Angles polyèdres.

Prisme. Parallélépipède. Pyramide. Cylindre et cône de révolution. Sphère. Aires et volumes de ces corps.

(On n'insistera pas sur les démonstrations du cinquième livre ni sur celles qui sont relatives aux aires et aux volumes lorsque l'on ne le jugera pas possible.)

ALGÈBRE

Exercices sur le cours de quatrième année. Progressions

ARITHMÉTIQUE

Numération. Opérations sur les nombres entiers.

Divisibilité. Caractères de divisibilité. Recherche du plus grand commun diviseur de plusieurs nombres.

Nombres premiers.

Fractions. Nombres décimaux. Conversion des fractions ordinaires en fractions décimales.

Carré et racine carrée.

Rapports, proportions.

PHYSIQUE ET CHIMIE

(2 heures par semaine.)

1° PHYSIQUE.

Magnétisme. — Aimants naturels et artificiels. — Pôles. — Attractions et répulsions.

Action directrice de la terre sur les aimants. — Méridien magnétique. — Déclinaison. — Boussole.

Phénomènes fondamentaux de l'électricité statique établis expérimentalement.

Électrisation par influence. — Électroscope.

Principe du condensateur. — Bouteille de Leyde.

Machines électriques. — Effets.

Éclairs. — Tonnerre. — Effets de la foudre. — Paratonnerres.

Pile électrique. — Principales piles.

Propriétés essentielles des courants.

Effets chimiques, caloriques et lumineux des courants. — Galvanoplastie. — Éclairage électrique.

Action du courant sur l'aiguille aimantée. — Galvanomètre.

Aimantation par les courants. — Électro-aimants. — Principe de la télégraphie.

Principe de l'induction. — Téléphone.

Revision.

2° CHIMIE.

Potasse, soude. — Sel marin.

Chaux. — Carbonate et sulfate de calcium.

Propriétés essentielles des principaux métaux usuels.

Composition élémentaire des matières organiques.

Alcool. — Ether. — Fermentations (vin, bière, cidre).

Glycérine. — Corps gras.

Sucres, amidon, cellulose.
Acide acétique. — Acide oxalique.
Notions sur les alcalis organiques.
Revision.

ANATOMIE ET PHYSIOLOGIE ANIMALES ET VÉGÉTALES. HYGIÈNE

(1 heure par semaine.)

I. — ANATOMIE ET PHYSIOLOGIE ANIMALES ET VÉGÉTALES. HYGIÈNE [1]

Fonctions de relation.

Mouvement : Organes passifs : os, squelette, articulations. — Développement du squelette. — Influences des attitudes sur la déformation du corps. — Organes actifs : muscles ; mécanisme des mouvements.

De l'exercice : marche, équitation, natation. — Sédentarité. — Dangers des exercices forcés.

Système nerveux : Centres nerveux, nerfs : nerfs sensitifs et nerfs moteurs.

Organes des sens. — Le toucher, la peau : sensations tactiles. — L'odorat, le goût. — L'ouïe : parties essentielles de l'oreille ; hygiène de l'oreille.

La vue : bulbe oculaire et organes annexes ; milieux de l'œil, rétine. Conditions de netteté de la vision, accommodation. Myopie, hypermétropie, presbytie. Hygiène de la vue ; éclairage naturel et artificiel.

La voix. — Larynx, bouche ; fosses nasales ; le chant ; la parole ; hygiène de la voix.

---

(1) Même observation que pour la classe de 4e année. Voir la note 1, page 95.

Reproduction chez les végétaux.

Phanérogames : Fleur, constitution générale.

Enveloppes ; étamines et pollen ; pistil : carpelles et ovules.

Formation de l'œuf : hybridation. Phénomènes consécutifs à la formation de l'œuf : développement de l'ovule en graine et de l'ovaire en fruit.

Graine mûre : constitution.

Fruits ; diverses sortes de fruits. Annexes du fruit.

Germination.

Cryptogames. — Idée de la reproduction des cryptogames en choisissant des types parmi les diverses classes. Formation des œufs et des spores. Polymorphisme.

Parasitisme.

Maladies parasitaires. — Notions sur quelques parasites animaux introduits par les aliments ou par l'eau.

Parasites végétaux. — Champignons ; bactéries.

Maladies épidémiques et contagieuses. — Exemple type : la maladie charbonneuse. Idée sommaire des principales maladies transmissibles. Précautions à prendre : isolement, stérilisation, vaccination.

II. — HYGIÈNE (¹)

Hygiène individuelle (*suite*).

HYGIÈNE DE LA VUE

Éclairage. — Myopie par insuffisance d'éclairement. — Poussières et corps étrangers.

---

(1) Voir les instructions de la page 95.

HYGIÈNE DE L'APPAREIL AUDITIF. — HYGIÈNE DE LA VOIX. — HYGIÈNE DU SYSTÈME NERVEUX

Surmenage intellectuel : surexcitation de l'imagination et de la sensibilité.

Avantages de la modération au point de vue de la santé.

Congestions. — Apoplexie ; soins immédiats. — Poisons du système nerveux : alcool, tabac, morphine, éther, absinthe, etc.

EXERCICES PHYSIQUES

Influence du travail musculaire sur le fonctionnement de tous les organes.

Exercices divers. — Gymnastique. — Effets du manque d'exercice. — Exercice exagéré. — Surmenage. — Attitudes vicieuses.

Hygiène sociale.

Solidarité au point de vue de l'hygiène.

MICROBES

Microbes. — Leur rôle bienfaisant ou nuisible dans l'organisme. — Leur résistance aux agents de destruction. — Stérilisation ; désinfection.

MALADIES INFECTIEUSES EN GÉNÉRAL

Obligation morale de ne pas propager ces maladies. — Vaccination. — Isolement des malades. — Précautions à prendre par ceux qui les soignent.

PRINCIPALES MALADIES INFECTIEUSES (AU POINT DE VUE SEULEMENT DES MOYENS A EMPLOYER POUR LES ÉVITER ET DES PRÉCAUTIONS A PRENDRE POUR LES EMPÊCHER DE SE PROPAGER)

Paludisme. — Fièvre typhoïde. — Diphtérie. — Scar-

latine. — Rougeole. -- Variole. — Varicelle. —
Coqueluche. — Pneumonie. — Tétanos. — Rage. —
Morve et farcin. — Charbon.

ÉTUDE SPÉCIALE DE LA TUBERCULOSE

Le bacille tuberculeux. — Voies de pénétration. --
Son origine. — Moyens préventifs à employer.
Prédisposition et causes prédisposantes. — Causes
sociales de la propagation et prophylaxie sociale.
Curabilité. — La lutte contre la tuberculose.

HYGIÈNE DE LA PREMIÈRE ENFANCE

Alimentation.—Allaitement maternel, artificiel, mixte;
leur mise en pratique; précautions à prendre.
Les nourrices.
Propreté. — Habillement. — Abris et berceau (1).
Surveillance constante. — Pesée périodique. — Vacci-
nation. — Dentition. — Les premiers pas. — Sevrage.
Alimentation pendant l'année qui suit le sevrage.
Symptômes qui nécessitent l'appel du médecin.

HYGIÈNE DES PERSONNES AGÉES

Alimentation. — Exercice. — Vêtements. — Sommeil.

II. — COURS FACULTATIFS

LANGUE VIVANTE COMPLÉMENTAIRE
(2 heures par semaine.)

Continuation des exercices précédents. Thèmes et versions; lettres, courtes rédactions.

---

(1) Quelques exercices pratiques accompagneront l'enseignement : visite aux crèches et établissements similaires là où il
sera possible.

Récits gradués sur la géographie, l'histoire, la littérature du peuple dont on étudie la langue.

Lecture et conversations sur tous les sujets du cours de cinquième année.

Les principaux écrivains.

Auteurs anglais [1].

Cowper. — *Letters* (extraits).
W. Irving. — *Sketch-book.*
Morceaux choisis, prose et vers.

Auteurs allemands [1].

Lessing. — *Dramaturgie* (extraits).
Eckermann. — *Gespräche mit Gœthe.*
Morceaux choisis, prose et vers

COUTURE

(2 heures par semaine au minimum.)

Voir, page 100, le programme commun à la 4e et à la 5e années.

DESSIN

(2 heures par semaine au minimum.)

Voir, page 101, le programme commun à la 4e et à la 5e années.

---

[1] Le professeur pourra choisir des auteurs dans les listes des années précédentes.

GYMNASTIQUE

(1 heure et demie par semaine au minimum.)

Voir, page 126, les exercices prévus par le Manuel
de gymnastique du Ministère de l'Instruction pubique.

SIXIÈME ANNÉE

Une troisième année peut être ajoutée à la deuxième
période ; elle représente la *Sixième année* du cours
normal des études de l'enseignement secondaire des
jeunes filles et a pour objet de préparer à des écoles ou
à des carrières spéciales.

Il n'a pas été établi de programme uniforme pour la Sixième
année qui n'existe que dans un petit nombre d'établissements [1].

---

[1] On trouvera dans l'*Annuaire de la Jeunesse* la liste de ces
établissements.

CIRCULAIRE DU 30 JUILLET 1909

*relative aux modèles à employer dans l'enseignement
du dessin dans les lycées et collèges de garçons
et de jeunes filles.*

———

Afin de faciliter l'application, dès la prochaine rentrée des classes, des programmes du 6 janvier 1909, concernant l'enseignement du dessin dans les lycées et collèges de garçons et de jeunes filles, l'inspection générale de cet enseignement a dressé la liste des modèles ci-jointe, qui permettra de donner aux élèves une idée exacte de la marche générale des évolutions de l'art depuis la plus haute antiquité.

La liste que je vous adresse comprend quinze modèles qui coûtent, au maximum, 200 francs, emballage compris.

Il sera dressé, en 1910 et 1911, un complément à la présente liste (1), de façon à ce que les lycées et les collèges possèdent en trois ans la collection des modèles que la Commission a jugés nécessaires pour l'éducation artistique des élèves de ces établissements.

Je vous prie d'inviter les chefs d'établissements à prendre les mesures nécessaires en vue de l'acquisition des collections dont il s'agit.

———

(1) Il n'a pas encore été dressé de nouvelle liste (*Note de l'Éditeur*).

Application des nouveaux programmes de l'enseignement du dessin pour les lycées et collèges.

PREMIÈRE LISTE DES MODÈLES

F. c.

PROGRAMME D'EXERCICES PHYSIQUES

tiré du MANUEL DE GYMNASTIQUE *publié par le Ministère de l'Instruction publique en 1909.*

***

RÉPARTITION DES EXERCICES D'APRÈS L'AGE DES ÉLÈVES

***

A. — Enfants de 6 à 13 ans.

De 6 à 9 ans.

1. Premiers exercices d'ordre, marches, évolutions.
2. Exercices correctifs (mouvements des membres et équilibres sur le sol).
3, 4. Courses sous forme de jeux, jeux récréatifs.
5. Exercices du tronc (mouvements simples).
6. Sautillements ; sauts à pieds joints.
7. Exercices respiratoires.

De 9 à 11 ans.

1. Exercices d'ordre, marches, évolutions.
2. Exercices correctifs (mouvements des membres et équilibres sur le sol).
3. Exercices de suspension par les mains avec appui sur le sol (corps incliné).
   Equilibres sur la poutre.
4. Petites courses sous forme de jeux ; jeux réglés.

5. Exercices du tronc (avec différentes attitudes des
    bras) et sur les bancs.
6. Sauts avec élan.
7. Exercices respiratoires.

De 11 à 13 ans.

1. Exercices d'ordre, marches, évolutions.
2. Exercices correctifs (mouvements combinés des
    membres ; équilibres sur le sol).
   Exercices avec barres de bois, avec haltères et poids
    (300 grammes, maximum).
   Exercices de lancer.
3. Suspensions et appuis, grimper aux échelles.
   Équilibres sur la poutre.
4. Jeux avec petites courses, jeux divers, danses.
5. Exercices du tronc, plus intenses sur les bancs et
    avec points d'appui. Luttes et oppositions deux
    à deux.
6. Sauts avec élan, hauteur, longueur, sauts à la
    corde. Vindas.
7. Exercices respiratoires.

B. — Exercices pour les jeunes filles
de plus de 13 ans.

Ces exercices comprennent ceux déjà décrits (A) et
ceux indiqués ci-après.

De 13 à 15 ans.

1. Exercices d'ordre, évolutions.
2. Exercices correctifs (mouvements combinés et
    équilibres sur le sol).

Exercices avec barres de 2 kilogrammes ; avec haltères de 1 kilogramme ; avec massues.
Canne (coups, parades, leçons).
Lancer du ballon (avec le poing et le pied ; gauche
  et droit).

3. Suspension bras étendus, bras fléchis ; appui bras
  étendus. Progressions et balancements.
Grimper (corde, perche, échelle).
Équilibres sur la poutre.

4. Courses de vélocité graduées (maximum : 30 mètres).
Courses de fond (maximum : 3 minutes). Jeux.

5. Exercices du tronc plus intenses ; luttes de traction
  et de répulsion à la corde.

6. Sauts avec élan, sauts avec appui des mains.

7. Exercices respiratoires.
Grands jeux de plein air. Natation, bicyclette,
  tir ; promenades (10 kilomètres au maximum).

15 ans et au-dessus.

1. Exercices d'ordre, évolutions.

2. Exercices correctifs, équilibres sur le sol (mouve-
  ments combinés).
Exercices avec barres de 2 kilogrammes.
Exercices avec haltères de 2 kilogrammes et avec
  massues.
Canne (coups, parades, leçons).

3. Suspensions et appuis, balancements.
Grimper aux cordes, aux perches avec l'aide des
  jambes.
Escalade d'un mur.

4. Danses, jeux, danses gymnastiques.
5. Exercices du tronc avec barre, haltères de 2 kilo-
    grammes.
   Lever de barres à sphères.
6. Saut du cheval.
7. Exercices respiratoires.
   Exercices individuels : canotage, patinage.

CIRCULAIRE DU 7 MARS 1910

relative à l'éducation physique dans les établissements d'enseignement secondaire (Extrait).

La gymnastique rationnelle, grâce à l'effort de quelques hommes dévoués et convaincus et à la bonne volonté du personnel, prend de plus en plus, dans nos lycées et collèges, la place qu'elle y doit tenir. Je désire que les chefs d'établissements se rendent partout compte de l'importance de cet enseignement, aussi bien dans les lycées et collèges de garçons que dans les lycées et collèges de jeunes filles. Je vous prie de le leur rappeler. Le développement normal et harmonieux du corps fait partie intégrante d'une éducation complète. Si cette idée n'est pas encore évidente pour tout le monde, s'il arrive que les familles, surtout parmi celles dont les enfants fréquentent les établissements de jeunes filles, sont souvent trop disposées à solliciter des dispenses pour les cours de gymnastique, il est du devoir des chefs d'établissements de s'appliquer à démontrer aux parents qu'ils agissent ainsi contrairement à l'intérêt de leurs fils et de leurs filles. Cette tâche est rendue d'autant plus facile aux directrices que les nouvelles méthodes d'enseignement de la gymnastique et tout ce que les mouvements rythmés y ont introduit de charme et de grâce, en font pour les jeunes filles à la fois un délassement très agréable et un exercice exactement approprié aux phases de leur développement physique.

TABLE DES MATIÈRES

PROGRAMMES

CLASSES PRIMAIRES

CLASSE ENFANTINE

CLASSES PRIMAIRES

Première année.

Deuxième année.

Troisième année.

ENSEIGNEMENT SECONDAIRE

PREMIÈRE PÉRIODE

Première année.

Deuxième année.

Tro'sième année.

DEUXIÈME PÉRIODE

Quatrième année.

Cinquième année.

Paris-Lille. — Imp. A. Taffin-Lefort. 73-10-19.

EXTRAIT DU CATALOGUE

DE LA

LIBRAIRIE VUIBERT

63, Boulevard Saint-Germain, PARIS, 5e,

Enseignement Secondaire des Jeunes Filles

Anatomie et Physiologie animales et végétales, par E. Caustier :
CLASSE DE 4e ANNÉE. . . . . 2 fr. 50
CLASSE DE 5e ANNÉE. . . . . 2 fr. »

Hygiène et Économie domestique, par E. Caustier et Mme Moreau-
Bérillon, ancienne élève de l'école normale de Sèvres, agrégée,
professeur au lycée de Reims :
CLASSE DE 3me ANNÉE. . . . . 2 fr. »
CLASSES DE 4me ET 5me ANNÉES . . . . . 2 fr. 50

Leçons d'Arithmétique, par Mme A. Salomon :
CLASSES PRIMAIRES, 1re ANNÉE ET ENSEIGNEMENT PRI-
MAIRE, avec *Notions de Géométrie* . . . . 2 fr. »
2e ANNÉE. . . . . 2 fr. »
5e ET 6e ANNÉES. . . . . 1 fr. 50

Compléments d'Arithmétique, par Mme A. Salomon . . 1 fr. »

Leçons d'Algèbre, par Mme A. Salomon. . . . . . 2 fr. »

Leçons de Géométrie, par Mme A. Salomon :
CLASSES DE 3e ET 4e ANNÉES . . . . . . 2 fr. »
CLASSE DE 5e ANNÉE . . . . 1 fr. 25

Nouvelles Leçons de Géométrie théorique et pratique, par Mme A.
Salomon :
CLASSES DE 3e ET 4e ANNÉE . . . . . . 2 fr. 50
CLASSE DE 5e ANNÉE. . . . . 1 fr. 50

Leçons de Chimie, par Mme Margat-L'Huillier, ancienne élève de
l'école normale de Sèvres, agrégée, directrice des études aux Cours
secondaires de jeunes filles de Paris . . . . . . 3 fr. »

Leçons de Physique, par Mme Margat-L'Huillier . . 4 fr. »

Physique, par Mlles Préjean et Domerc, anciennes élèves de l'école
normale de Sèvres, agrégées, professeurs au lycée de Toulouse :
CLASSE DE 3e ANNÉE . . . . 2 fr. »
CLASSE DE 4e ANNÉE . . . . 2 fr. 75
CLASSE DE 5e ANNÉE . . . . 3 fr. »

Leçons de Cosmographie, par A. Grignon :
CLASSE DE 5e ANNÉE . . . . 2 fr. »

Selected Pieces of Poetry for recitation (1re à 6e années), par
Mlle A. Daujean, agrégée, professeur au lycée Racine 1 fr. 25